近衛文麿とそのブレーンたち

森嶋雄仁

Morishima Yuji

大東亜戦争の秘密

団塊の世代から観た大東亜戦争I

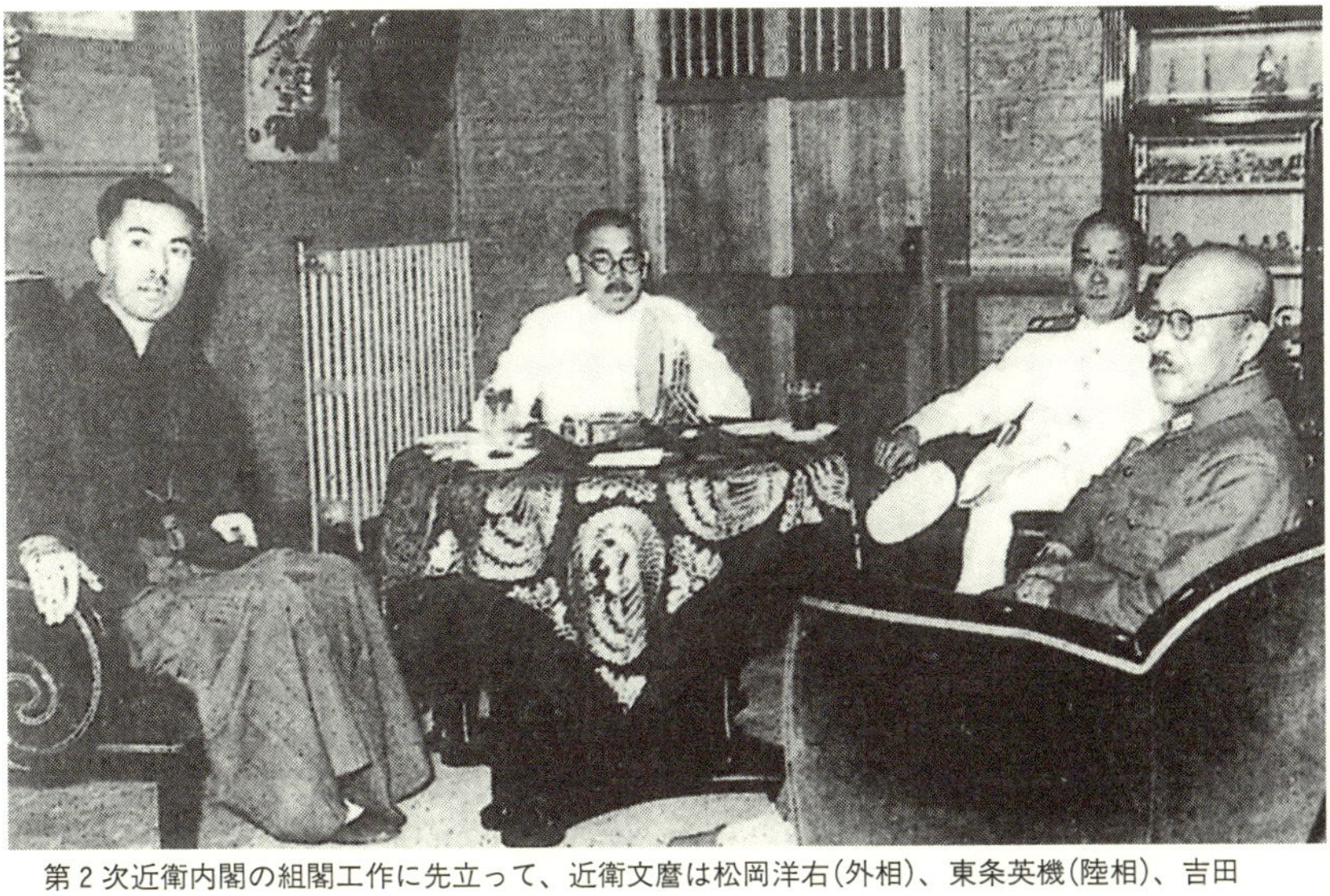

第2次近衛内閣の組閣工作に先立って、近衛文麿は松岡洋右(外相)、東条英機(陸相)、吉田善吾(海相)の3名を東京・荻窪の自邸に集め、首脳会議を行なった。昭和15年7月19日。

近衛文麿。貴族政治家。明治の政治家篤麿の長男。第一次、第二次、第三次近衛内閣を組閣。

東条内閣の新任式後、首相官邸で事務引き継ぎを終えた近衛文麿と東条英機。

ノモンハン事件で、日本の関東軍は空陸でソ連軍と対決した。

尾崎秀実。上海朝日新聞特派員。ゾルゲグループで最も重要な人物。

写真提供／雑誌「丸」編集部・著者

盟友と言ってもいい米内光政海軍大将が組閣して間もない昭和15年2月10日、山本五十六連合艦隊司令長官は橿原神宮に参拝した。右は山本の戦死後、連合艦隊司令長官に補される古賀峯一中将。

昭和16年11月13日、戦闘海域出撃直前に岩国で行なわれた連合艦隊最終打ち合わせ会議の記念写真。１列目は各艦隊司令長官、２列目は各艦隊参謀長、３列〜５列目は各艦隊参謀。１列目左から第６艦隊・清水光美中将、第５艦隊・細萱戊子郎中将、第３艦隊・高橋伊望中将、第２艦隊・近藤信竹中将、連合艦隊司令長官・山本五十六大将、第１艦隊・高須四郎中将、第１航空艦隊・南雲忠一中将、第11航空艦隊・塚原二四三中将、第４艦隊・井上成美中将。

はじめに

私があの戦争（大東亜戦争）を、無意識にも感じるようになったのは、幼少の頃だったと記憶する。我が家には兵隊帰りの（今は亡き）父の、軍隊時代の写真や軍靴、コート、軍服、将校ベルト、軍隊の毛布、飯盒などがあった。子供心にも何か大きな戦争があって、大人たちは大変な思いをして来たのだなあと思っていた。また、近所にも兵隊帰りの人はいっぱいいたし、よく戦争の話を聞かされたものであった。

著者の幼少の頃は、近所の幼馴染《おさなな じ》みの者たちと、戦争遊びやチャンバラごっこに夢中になったことを今もよく覚えている。特に昭和三十一年（著者が小学校一年生のとき）、新東宝による「明治天皇と日露大戦争」という映画が大ヒットし、映画館はもちろんのこと学校の講堂においても映写会があった。

旅順要塞や二百三高地における、日本軍の悪戦苦闘のシーン、明治天皇の御製が映画の中に登場してくるシーン、ふと後ろを観ると大人たちがみな「涙」「涙」して、ハンカチで顔を覆っていたことを今も記憶している。「明治天皇」とは、かくも偉大な人なのかと子供心に思ったものであった。終戦から十一年、日本はまだこうした気風が残っている時代でもあった。

この当時、もう一つの映画が大ヒットした。それは坪井栄の原作、木下恵介監督の「二十四の瞳」であった。瀬戸内海の小豆島を舞台に、昭和初期の日本の小学校の女の先生と生徒たちのことを描き、やがて戦争へと出征していく大正生まれの少年たちの物語であった。

昭和三十年代になると、「日本はもう戦後ではない」という言葉が流行し、「二十四の瞳」の映画でも訴えていた反戦ムードが日本全国を覆いつくしていた。それから六〇年安保、全学連、全共闘、連合赤軍をはじめとする過激な極左勢力へと続いていったのである。

著者は高校時代に亡父(大正九年生れ)が戦後秘かに書いていた「四年間の戦争体験記」を読む機会に恵まれた。達筆で書かれたその文章は、一冊の単行本になるくらいで、高校生の私にとっては何とも読みづらいものであった。戦後教育にどっぷりとつかっていた著者は、まず軍隊用語、軍隊の階級、軍隊組織の大小が解《わか》らず、大変に苦労したことを今も記憶の中に留めている。

昭和四十六年、「グアム島」から帰還された横井庄一さんが、テレビのインタビューで盛んに「糧秣《りょうまつ》」という軍隊用語を使っていた。当時の著者は何のことか解らず、亡父に燃料のことかと聞いてみたことがあった。亡父は即座に、それは「食料」のことだと答えてくれた。

昭和四十五年十一月二十五日に起こった「三島由紀夫割腹自殺事件」。これは団塊の世代にとって特別な思いのある事件であった。三島由紀夫が自衛隊の市ヶ谷本部で自衛隊に対してクーデーターを促したのである。そのとき三島は、「占領憲法を改正し、自衛隊を名誉ある国軍にせよ。そのために命を投げ出す奴はいないのか。一人でも俺と一緒に立つ奴はいないか」と叫んだのだ。結局このクーデーターは失敗に終わり、森田必勝と共に自決したのであった。

自衛隊の市ヶ谷本部とは、昭和二十一年より極東国際軍事裁判（東京裁判）が行なわれた、その地である。不思議なことに、この事件（三島由紀夫割腹自殺事件）を最後に、戦後の日本から二つのことが消え去ったのである。一つは終戦後から延々として続いていた過激な極左勢力の左翼運動である。もう一つは、我が国から「武士道精神」というものが露と消え去ったのである。

とりわけ、これらの歴史を共有する「団塊の世代」（昭和二十年生れから昭和二十七年生れまでの、いわゆるアメリカによる占領時代生れ）、この世代の人たちから見た「大東亜戦争」（＝日中戦争・太平洋戦争・八年戦争）とは一体どのような戦争で、その本質は何であったのか。そこにはどんな仕掛けがあり、どんな陰謀があったのか、どんな人たちが暗躍したのか。現在の日本人にはどんな歴史認識となっているのか。

この歴史的な疑問点を二十代中頃より持っている著者は、この問題の探求のために三十年という歳月を掛けてきた。現行の学校教育や一般社会では、あの戦争（大東亜戦争）は無謀な戦争で日本の侵略戦争であり、アジア諸国の人々に多大な迷惑をかけ、また日本国民自身にも計りしれない苦痛をもたらした戦争となっているようだ。

しかし、六十三年の風雪に耐えた「大東亜戦争」後生まれの「団塊の世代」の一人である著者は、以下のような結論に達したのである。つまり、戦後の日本では近衛文麿や近衛内閣の実態をあえて封印（隠蔽）し、美化と歪曲のプロパガンダ（＝政治的嘘宣伝）だけが喧伝《けんでん》されてきたからである。そして、このことを追求して行くと、ある意図を持った闇の勢力（＝ソ連コミンテルン、中国共産党、日本の共産主義者）の存在が浮かびあがってくる。

もう一方はアジア解放の輝かしい日本の理想（＝倫理、道徳的にみても正しい日本の理想）が、アジア侵略に転嫁され、日本は犯罪国家として糾弾された。これも日本の左翼によるプロパガンダの結果である。

以上、この二つのテーマを持って「団塊の世代」の一人である著者が知力の限りを尽くして執筆にあたったのが本書である。

大東亜戦争の秘密〈近衛文麿とそのブレーンたち〉——目次

はじめに　5

【第一部】
序　章――封印された歴史　13
第一章――日露戦争終結　15
第二章――戦勝国の軍隊　17
第三章――ロシアの革命　20
第四章――アメリカの露骨な圧力　24

【第二部】
第五章――近衛文麿　56
第六章――近衛文麿とその側近　59
第七章――蘆溝橋事件　64

第八章——事件を事変に事変を戦争に　67
第九章——通州事件　72
第十章——支那事変〔I〕　77
第十一章——尾崎秀美　81
第十二章——支那事変〔II〕　85
第十三章——「蔣介石を対手とせず」　95
第十四章——東亜新秩序　103
第十五章——支那事変〔III〕　109

【第三部】

第十六章——汪兆銘から三国同盟　115
第十七章——独ソ戦勃発　120

第十八章――第三次近衛内閣　124
第十九章――開戦へ　130
第二十章――ハル・ノート　135
第二十一章――終戦　140
第二十二章――赤いエリート軍人たち　145
第二十三章――藤原氏（＝近衛家）　152
あとがき　156
参考図書文献　159

【第一部】

序章――封印された歴史

「真実は、歴史の子宮の中で、出たがって出たがって胎動している」（ハミルトン・フィッシュ）

「過去に深い考慮を払うことが、来たるべき日の手引きとなり、新しい世代をして過去の誤りを幾らかでも是正せしめ、こうすることによって人間の必要と栄光に従い、未来の恐るべき光景の展開を抑制できる」（ウインストン・チャーチル）

支那事変（日中戦争）を惹起《じゃっき》した日本の責任ある指導者は、軍部というよりは、むしろこの軍部をうまく活用した内閣総理大臣の近衛文麿その人である。

戦後、日本の多くの関係者は、この明白な歴史の真実を隠そうとしてきた。また、戦後の日本には日中戦争の真相が解明されることを恐れた一大勢力が存在していたのである。その勢力とは、日本の左翼団体、すなわち日本共産党、日本社会党（社民党）、戦後民主主義者、進歩的文化人、労働組合、教職員組合、朝日新聞、共同通信社、ＮＨＫ、岩波書店、左翼評論家などである。ではなぜ、これらの団体が日中戦争（支那事変）の解明を戦後六十三年間も怠ったかと言うと、それにはやはり重大な秘密があったからである。

一般的には日中戦争（支那事変）の原因は、日本の侵略戦争とか、あるいは日本軍側から始めた戦争とか、戦争目的がなかった戦争とか、いろいろ言われているが、やはり原因、目的ははっきりとあったのである。ただ六十三年間隠し通したことと、日本軍の中国に対する侵略戦争史観で塗り潰すことができたことは事実である。

今日、我が国の国民の大多数は、日本軍が戦争を始め、日本軍が大陸の奥地へ奥地へと一方的に侵略戦争を行なったという歴史認識になり、またこのことはすでに国民の意識の根底に深く盤踞《ばんきょ》しているのではないか。戦後六十三年というと、親、子、孫の三代になり、その教育に洗脳された国民は、誤った歴史観を絶対的な真理と考えるようになり、これを顧《かえり》みようとはせず、国益を無視してまで自虐的になり、社会主義（共産主義国）を礼賛し美化したがる。

また、日本国政府は日中共同声明（昭和四十九年）の田中内閣の頃から、何回も中国に対し、謝罪してきたが、いっこうにその効果はなく、戦後の日本人が受けた歴史教育はますますその猛威を奮って骨髄まで浸透してきているのが現状ではないか。もっともここ数年の北朝鮮による「拉致事件」や中国の「反日運動、反日デモ、靖国神社参拝問題」などで、最近少しは疑問視する日本人も出てきているのが実態ではないか。

しかし、戦後六十三年間にわたり封印、隠蔽され、歴史の中に葬り去られた。日中戦争

（支那事変）を痛快に解明された筑波大学の中川八洋教授『大東亜戦争と開戦責任』という図書を参考に、大東亜戦争の秘密を書いてみたいと思い立ったのである。

第一章──日露戦争終結

大東亜戦争（日中戦争、太平洋戦争）を語るのであれば、それはやはり日露戦争から語らなければならないのではないか。日露戦争の開戦当初、日銀副総裁だった高橋是清について、ここで少し触れておこう。

高橋是清は若い頃、アメリカに単身留学し、ホテルの皿洗いなどをして苦労した人と言われている。ちなみに、当時のアメリカは人種差別が激しく、有色人種はみな奴隷扱いが普通のことであった。高橋是清自身、自らも知らないうちに奴隷として売り飛ばされていたことがあったぐらいだった。そんなおり、日露戦争の勝利を耳にしたアメリカの有色人種の人たちは、俺たち有色人種も頑張れば出来るのではないかと、日本に勇気づけられたのである。

当時のアメリカでは、史上初めて有色人種から民権運動というものが起きてきたのである。

日露戦争当時、高橋是清は戦費を得るために、ヨーロッパやアメリカを奔走したことがあった。アメリカのあるパーティー会場で出会った、ユダヤ人ヤーコブ・シフ（＝ロスチャイルド財閥の人間）という人物から、五百万ポンドの借款を得ることに成功するのである。

表向きは、ユダヤ人を迫害するロシアと戦う日本を、彼は喜んで支援したことになっている。ユダヤ問題の専門家（宇野正美氏）は最近、以下のような話をしている。

「ヤーコブ・シフから戦費を募っている日本人がいることを耳にしたロックフェラー（＝ユダヤ・フリーメーソン）は、この戦争は九割がた日本が敗ける戦争だと考えていた。しかし、ロックフェラーは、敗けるはずの日本にあえて金を出したのである。なぜか、それは、敗けて借金の返済が出来なくなった日本から、日本列島という全領土を奪うことが彼の目的であったからだ。もしくは日本を植民地支配するために、戦費を出したのである。まあ北海道ぐらいは、ロシアに渡したかもしれないが……」という話であった。

日露戦争開戦前のロシアの幕僚たちの話では、大体三週間で日本軍を打ち破る予定であった。ところが、豈《あに》はからんや、日本軍はロシアとの戦争に開戦以来、連戦連勝して勝ってしまったのである。海軍は、日本海海戦に見られるように、ほぼパーフェクトの勝利であった。

陸軍は奉天大会戦で、一応の勝利を得たとはいえ、満洲の北方ハルビンにはロシア軍五十万が健在であった。しかし、ロシアには、ヨーロッパ方面に宿敵ドイツ・オーストリア・トルコがいた。これら三国の軍隊とロシア軍本体とは、ほぼ軍事的に拮抗していた。

この軍事バランスが日本を救ったのである。なぜならば、ロシアとしてはもうこれ以上、満洲に軍隊を送ることが出来なかったからだ。これらのことは、日本にとってまことに天佑でラッキーなことであった。

日本の明治の政治家、軍人が偉かったのは、開戦前に終戦の手順を考えていたことである。特に明治の軍事の天才であった児玉源太郎大将（満洲派遣軍総参謀長）は、奉天大会戦の後、奉天北方の鉄嶺で日本軍全軍をストップさせ、ロシア軍に対して深追いしなかったことと、すぐ内地に帰って今が講和を計るべき絶好のチャンスだと考えたことだ。

こうして日本政府は、ハーバード大学でルーズベルト大統領と同窓だった金子堅太郎を特使としてアメリカに送った。アメリカ大統領の仲裁、斡旋もあって、ポーツマス条約は初めの予想より早く締結されたのである。当時の日本陸軍は、決してオールロシアに勝った戦争ではなかったのである。陸軍としては、うまい勝ち逃げが出来ただけのことであった。

この歴史認識がその後の日本人にあったならば、あの昭和の悲劇（大東亜戦争）はおそらくなかったのではないか。

第二章——戦勝国の軍隊

一方の日本海軍の方は、「日本海海戦」で幕末、明治維新以来の最大の仮想敵国のロシア海軍をほぼ壊滅させたのである。日本海軍としては、当面、北の大敵はなくなったのであるから、海軍を半分か三分の一ぐらいに軍縮すべき時であった。

このあたりの外交の勘所《かんどころ》が日本は悪かった。本来、仮想敵国の海軍が壊滅したのであるなら、自国の海軍を節減しなければならないところを、日本はそのままこの海軍を維持したのである。

これは、どういうことかと言えば、日本海軍は無意識に新たなる仮想敵国（アメリカという国）を持ったことになるのである。

これが、日本海軍にとっての日米戦争の始まりである。仮想敵国を持つことが海軍の存在価値であり、海軍省のための海軍なのである。仮想敵国なしの軍隊とは、そもそもその存在感がないのである。

日露戦争は、日本にとってはあまりにも幸運な勝利であったため、連合艦隊司令長官東郷平八郎大将は日本海海戦後、連合艦隊の将兵に対し、戒めのために「勝って兜の緒をしめよ」と訓示したが、その効果はなく、かえって将兵たちは驕《おご》りたかぶった。日露戦争の戦費を出してくれた国、またポーツマス会議でよく日本を仲裁してくれた恩義ある国、そのアメリカを無意識に日本は仮想敵国にまわしてしまったのである。

アメリカは、日露戦争までは日本に対し協力的であったが、戦争が終わっても軍縮しない日本海軍に対し、次第に猜疑心《さいぎしん》を持ち始め、アメリカ西海岸に日本海軍が攻めてくるのではないかと疑心暗鬼になった。

そのため翌年の明治三十九年には、それまで西海岸にはほとんど海軍らしい海軍はなかったので、アメリカ太平洋艦隊を急遽《きゅうきょ》、設立したのである。

しかし、それでも安心できないアメリカは、その同じ年にホワイト艦隊（戦艦十六隻からなる）という大艦隊を編成し、東京湾にやって来たのである。

名目は日米親善であったが、実際は日本という国がよく解らないので探りに来たのである。日露戦争の大勝利を叫び、万歳、万歳の日本人には、アメリカのことが理解できなかった。とかく日本人は、感情的になりやすい体質の国民である。そのよい例が西南の役（＝西南戦争）ではないか。

鳥羽伏見の戦いから戊辰戦争までを戦いぬいた常勝軍は薩摩士族団である。維新後、この士族団の驕りは相当なものであった。全国の不平士族と結託し、鹿児島にあった武器・弾薬庫を襲い、「鹿児島にあった武器・弾薬庫は国や県のものではない、俺たち薩摩士族団（＝戊辰戦争の戦勝軍）のものである」と、これを私物化し、ついに大西郷を担ぎ出して西南の役を始めた。

このように、戦勝軍、戦勝国の軍隊を抑えるということは、かくも難しいことなのである。人望のある西郷南洲をしても抑えきれなかったのである。日露戦争終結後の日本が狂いだした原因は、この社会的現象なのである。

第三章——ロシア革命

一九一七年（大正六年）、日露戦争で敗北して以来、ロマノフ王朝の権威はガタ落ちだった。そしてさらに、それに追い討ちを掛けるように、第一次世界大戦の戦闘で、ロシアはドイツに敗北した。そのことが引き金で、マルクス主義者レーニンの主導の下、大ロシア革命が起こる。

この共産大革命はその後、世界の歯車を狂わせ、やがて日本を戦争に突入させる最大要因となった。大正時代、近代日本の政治、外交、軍事が狂いだした大きな原因の一つに、ロシア革命（＝日本共産化革命）があげられるのではないか。

まずロシア共産党は、ロマノフ王朝の一族をすべて処刑したほか、皇帝の馬まで殺し、共産主義に賛同していないと見なした人民七百万人近くを、数年間にわたって大虐殺を行なった。

その後のスターリンの時代には、二千万人とも三千万人ともいわれる人民を、シベリアに送りこんで強制労働をさせ、（ソルジェニーツインの収容所列島に見られるように）ほとんどの人民を虐殺したのである。

この残虐な革命の基盤となったマルクス主義とは、一体どのような思想なのか。一言で言うならば、「貧富の差を憎み、私有財産を否定する思想」である。いわゆる、それは平等論（男女平等も含む）なのである。これを言い換えれば、「貧富の差」というものがこの時代から人々に強烈に意識されるようになったということだ。

最初そこに登場してきたのがマルクスだった。彼は、「君たち賃金労働者（プロレタリアート）はブルジョワジーに〝搾取〟されている」といった文句で貧民たちを扇動し、彼らの嫉妬心をかき立てた。

不公平だと言い、平等の精神に反するとも言い、マルクスは、こうして扇動して「持てる者」と「持たざる者」とに対立させていったのである。だから、この時代（十九世紀）、マルクスの主張は非常に説得力があったのである。

その後この思想を実践していって、ロシア革命を見事に成功させたのがレーニンである。やがて、共産主義革命の脅威は、一九二二年（大正十一年）に開催されたコミンテルン世界会議（＝共産主義革命のために各国の共産党が集結して行なわれた会議で、日本共産党も出席していた）によって増していったのである。ちなみに、日本共産党という政党は、この年大正十一年に地下組織として密かに結成され、当初はソ連共産党日本支部と言っていた。

コミンテルン世界会議の決議には、「君主制の廃止」が盛り込まれた。この「君主制の廃止」とは、日本では皇室の廃止と皇族の虐殺を意味する。このことに驚いた当時の日本政府はさっそく「治安維持法」という法律をつくり、左翼分子の摘発にあたったのである。

治安維持法は今日的な視点で考えれば、法律が特定の思想を取り締まることであり言語道断と言えようが、当時としてはやむを得ないことであった。こうした暴力的な〝テロ思想〟の流入をよく防いだのは事実であったし、また何と言っても戦前の日本が共産化することを防いだのであった。

それにもかかわらず、「天下の悪法」という汚名が着せられているのは、特高警察の取り締まりが、相当厳しかったことによるのではないか。たとえば、プロレタリア文学の作家であった小林多喜二などは、特高警察に逮捕されたその時から非常に反抗的で、取り調べた警察官に対し「罵声」を浴びせたり、「つば」を吐きつけたりしたので、取調官から厳しい制裁をくらい、結局、死亡したのである。

また、確かに多くの人が冤罪《えんざい》で捕まり、警察の取り調べの途中で亡くなった人もいるにはいた。ただ、共産主義思想を防御するという治安維持法の本来の目的、そして共産革命は残虐行為をともなうものだという二点を考えれば、一概に「天下の悪法」と決めつけることは出来ないのである。ちなみに、治安維持法というこの法律自体で死刑になった者は一人もいない。

ともあれ、この大正デモクラシーと言われた時代、日本を襲ったロシア革命の影響は、当時のエリート青年たちを直撃したのである。マルクスやレーニンが唱えていた共産主義思想（＝階級闘争史観や平等論）は、多くの日本の若者の心を捕らえ、人類の理想社会が今にも実現するかのような錯覚に囚《とら》われたのである。

やがて、この思想が大東亜戦争への道（＝昭和のあの悲劇）に繋《つな》がってゆくとは知らずに、共産主義思想にのめり込んでいくのである。社会主義、共産主義思想には薬物的な効果があり、正義感の強い真面目な人間ほど深く嵌《は》まっていったのである。

その代表的な人物とは、近衛文麿、風見章、佐々弘雄、笠信太郎、蠟山正道、尾崎秀実、牛場友彦、西園寺公一、松本重治、犬養武、後藤隆之助、峻義等、東畑清一、矢部卓治、平貞蔵、稲葉秀三、勝間田清一、正木千冬、木戸幸一、広田弘毅、三木清、都留重人らである。これら日本のマルキストたちがやがて、昭和になって大東亜戦争への道のレールを敷いていったのである。

団塊の世代である我々の学校教育では、これら「ロシア革命」と「大正デモクラシー」については、歴史的な事実を時系列的に並べて教えるだけであって、その本当の意味や歴史の裏に隠されたことまでは、まったく教えられてこなかった。いやむしろ、社会主義共産主義思想に関連することは、あえて避けて通ってきたように思える。

ともあれ、この時代（＝大正デモクラシーの時代）を境に、日本の政治、外交、軍事は大きく揺るぎ始め、やがて世界的な動乱の時代に突入して、国家的に破滅してゆくのである。

第四章——アメリカの露骨な圧力

(1)　鉄道王ハリマン

日露戦争が終結したその年、アメリカの鉄道王ハリマンが日本にやってきた。フロンティア精神に溢れるハリマンは、太平洋を渡り、その次にあるユーラシア大陸を目指していた。ハリマンの夢は大きかった。このユーラシア大陸に自らの鉄道を創り、鉄道によってぐるっと世界一周が出来るぐらいにするのだ。

日露戦争の勝利で南満洲の鉄道利権（鉱山、炭鉱）を手に入れた日本という国。この日本に遠路はるばるやってきたハリマンは、満洲における鉄道開発を日本と共同でやろうではないかと、話をもちかけてきた。

この話にピンときたのは、井上馨、桂太郎、伊藤博文らの明治維新以来の生え抜きの人たちであった。彼らは世の中の酸いも甘いも、よく知っている人たちである。海千山千の人たちで外交の勘所がよかった。日露戦争で一応の勝利を摑んだとはいえ、まだ満洲の北方にはロシア軍五十万がいた、これが彼らの悩みの種だった。

いつまた第二次日露戦争を始めなければならないか。実際にその後の四次にわたる日露協商は、ロシアの圧力で日本側の妥協につぐ妥協であった。このことをみても解るように、日本が戦勝国といっても、ロシアの脅威は依然として残っていた。

そんなおりのアメリカからの鉄道王ハリマンの来日は、歓迎すべきものであった。アメリカとの満洲共同開発にピンときた、井上馨、桂太郎、伊藤博文らは心強く思ったのである。また、資金繰りという点から考えても、共同経営は魅力的だった。

明治三十八年十月十一日、桂首相・ハリマン仮条約が予備協定として結ばれた。ところが、そこへポーツマスでの講和会議から帰国した外相・小村寿太郎が強硬な反対論を繰り広げ、強引に仮条約を破棄させてしまったのである。

小村寿太郎としては、あれほど苦労してポーツマス条約をまとめたのであるからとの思いが強かった。「日本軍十万名の将兵の尊い血を流して手に入れた勝利なのだから、この満洲の地をアメリカと共同経営でいくなどもってのほかだ」と考えるから、共同経営は当然のめない話であった。

小村寿太郎の意見は、正論と言えば正論なのだが対応がまともすぎた。得てして秀才官僚の落ち入り易い難点であり、世間知らず苦労知らずな人であった。今日から考えると、実利を取った井上馨、桂太郎、伊藤博文らが正解であった。

しかし、喜んで帰国したハリマンは、アメリカ西海岸のサンフランシスコにたどり着いたその時、「仮条約を破棄する」という日本からの電報を手にした。それを見たハリマンは激怒した。それは、アメリカという国を怒らせたも同然だった。

日露戦争で、ロシア海軍が全滅したにもかかわらず、海軍の軍縮を行なわない日本に対し、アメリカはただでさえ猜疑心を持っていたところへ、仮条約を一方的に破棄されたのでは、敵愾心《てきがいしん》が生まれても仕方がない。まさに日本外交のボタンの掛け違いであった。

日露戦争で首尾よく勝ち逃げが出来たとはいえ、満洲の北方ではまだロシアの影響力が強かった。だからこの時代、日本はアメリカと条約を結び、アメリカの力を満洲に入れておけばよかったのである。出来ればイギリスも共同経営で入れておけばよかったのである。

そうすれば後の米英相手の「大東亜戦争」は、おそらくなかったのではないか。どこまでも日本は北進論で、米英協調外交を貫けばよかったのである。その後の日英同盟もずうっと長くつづいたのではないか。日露戦争終結後、日本海軍は速やかに軍縮を行なうべきであった。何と言っても最大の仮想敵国の海軍が、日本海海戦で消滅したのであるから。

そうして満洲に米英勢力を入れておけば、おそらくロシアは満洲に手を出せなかったのではないか。日本も安泰で、この時代すでに日米同盟まで結ばれたことであろう。また、経済も高度成長が可能であったのではないか。そういう意味でこれらのことを考えると、小村寿太郎の責任は、日本にとって計りしれない大きな問題であった。

団塊の世代の一人でもある著者は、この時代の満洲問題を見るとき、地政学的にも似たような問題を、今の日本は抱えていると思う。それは、東シナ海におけるガス田、海底石油開発問題である。最近の中共との外交交渉問題を見ていると、また歴史は繰り返しているように思えてならない。二階通商産業相の対応ぶりは、売国外交であり、すでにこの国を売り渡しているのではないか。

一九九〇年代、二階氏は、江沢民の銅像を日本全国に立てようという運動を行なったが、後に日本の保守派からこれではと、この運動を潰された人である。二階氏の裏には、やはり金と女が付きまとっているのではないか。中共側の立場に立ってものを言っている、代表的な政治家だと思う。

このような日本外交では、今に東シナ海は中共に取られてしまうのではないか。日中友好、話合い外交、中共との共同開発（＝かつての日露協商のようなもの）——このような美名のもとで行なわれている日中外交（＝日本側の譲歩につぐ譲歩）では、危険と背中合わせである。だから、東シナ海ガス田問題は、日米安全保障条約があるので、日本としてはアメリカ資本（＝メジャー国際石油資本）を入れておくべきである。日米共同開発にもっていって、東シナ海で中共の膨張しようとする勢力を封じ込む外交を、日本は自ら選択すべきだ。

また、こうしておかなければ、やがて中共の膨張しようとする勢力は、沖縄、台湾に侵攻するからである。だから、日本はいつも常に北進論でいいのである。百年前の日露戦争の歴史をよく学んで、アメリカ、EU勢力の国と一体となって、ロシア、中共勢力と対決すべきなのである。

(2)　オレンジ計画

オレンジ計画（＝カラープラン）とは、元々アメリカにあった政策で、ドイツは黒、イギリスは赤、メキシコは緑、日本はオレンジと色別して戦略を練っていたのである。ところが、この当時のオレンジ計画は作成中に、突然、日本が仮想敵国として想定されはじめたのである。それはやはり、桂・ハリマン仮条約が破棄されたことが原因であった。そして、これでアメリカの対日政策は一変したのである。

アメリカはまず自国の太平洋側には、海軍らしい海軍がないことに気づく。そして、日本海軍が太平洋を渡ってアメリカ西海岸に攻め込んでくるのではないかと心配しはじめたのである。軍艦の大建造を始め、翌年の明治三十九年には、「ホワイト艦隊」(=戦艦十六隻からなる大艦隊)で日本を訪問した。大正時代の強硬なオレンジ計画は、特に日本を標的にしていたのである。

たとえば、アメリカはすでにこの頃から太平洋の島々を、強襲して上陸する「海兵隊」という重装備の軍隊を持っていた。それは島伝《づた》いに攻めて日本にまで達する軍隊であった。ちなみに、日本海軍には「海軍陸戦隊」という部隊があったが、これは本格的な陸戦を戦う軍隊ではなかった。居留民保護や治安維持が目的の軍隊であった。

また、オレンジ計画での「海兵隊」は、すでにこの頃から沖縄占領を考えていて、沖縄から日本本土を空襲し、日本本土の都市を焼きつくす計画も持っていた。

とにかく、日露戦争までのアメリカは、日本に対して比較的よき理解者であり、また寛大でもあった。しかし、日本海軍がロシア海軍を全滅させたことと、戦後に日本海軍がいっこうに軍縮をしないことに対して、アメリカは次第に警戒心を抱くようになる。

さらに、桂・ハリマン仮条約の破棄は、「日本はアメリカを支那大陸に入れない」ということであり、「アメリカが狙っていた支那大陸を日本が独占するのではないか」と思うようになったのだ。このあたりの日本のボタンの掛け違い外交が、日米対決への道にも繋がっていったのである。

(3) アメリカの排日運動

日露戦争終結後、いっこうに軍縮をしない日本海軍と、桂・ハリマン仮条約破棄という腹立たしい一件により、アメリカ全体の対日感情も一変した。

また、当時のアメリカには、多くの日本人移民がおり、農業や商業などで生計を立てていたが、まっ先にアメリカ人の標的になったのは、この在米日本人だった。最初に起こった日本人への事件は、一九〇七年（明治四十年）であった。サンフランシスコで反日暴動が起き、多くの日本人が殺傷されたのである。

この頃、サンフランシスコを襲った大地震に対して、日本政府は多額の見舞金を送ったこともあった。それに、一九〇八年（明治四十一年）、日本が移民を自粛する代わりに、排日的な移民法をつくらないと約束する日米紳士条約が成立し、事態はやや好転するかに見えた。

ところが、一九一三年（大正二年）、カリフォルニア州で排日土地法が成立する。そして、一九二二年（大正十一年）、アメリカの最高裁は「白人とアフリカ土着人、およびその子孫」だけがアメリカに帰化できるという判決を出す。つまり、黄色人種である日本人には帰化権がないとされ、さらに悪質なことには、その時点でアメリカ国民として暮らしている移民の帰化権までを剝奪したのだ。

移民社会にとって後継者がいないことは、重大な問題である。花嫁も呼び寄せられないし、帰国して結婚すれば再入国できないのである。

アメリカの連邦政府レベルの問題であった排日政策が、一九二四年（大正十三年）に出来た「絶対的排日移民法」によって国家レベルとなり、これでアメリカは、国家として日本人移民を拒否することにしたのだ。

この時代、アメリカは、東海岸からは毎年三十万人以上の移民（＝おもに白人の移民）を受け入れていたのである。だが、西海岸からの移民（＝日本人）は、すでにまったくいなかった。自由と民主主義を標榜する国、アメリカにしてこの有様なのである。

(4) ワシントン会議

一九二一年（大正十年）から一九二二年（大正十一年）、日露戦争終結後の日本海軍は、あろうことか英米との建艦競争に参加してゆくのである。ロシア海軍を滅亡させたのだから、その後の日本海軍にとっての最大の仮想敵国はアメリカ海軍になるのであった。そこで本来、軍縮をしなければならない日本海軍が、八八艦隊構想（＝戦艦八隻、巡洋戦艦八隻）を持ち出してきたのだ。

日本は東洋の一弱小国にすぎなかったし、ましてやこの時代の日本はまだ経済力が弱かった。また、財政面でも日露戦争の戦費の借金返済が大変な重荷であった。そのうえ、朝鮮における「日韓併合」で多額の投資を行ない、莫大な金を注ぎ込んでいた。そんな時代、日本が英米との建艦競争に嵌《は》まり込むことは論外であり、国家予算の多くを軍事費が占めるなど、まったく愚かな話である。

ワシントン会議の決定事項は、海軍は主力艦（＝戦艦）の比率であった。英国五、米国五、日本三で、日本海軍は窮地に追い込まれた。海軍内部では、ワシントン会議の反対派が多数となった。ちょうどその頃、アメリカによる露骨な裏工作の謀略で「日英同盟」が破棄された。当時の海軍軍人たちは、日英同盟が破棄されたことは、英米が一体となったことであるとした。

したがって、主力艦が十対三である（海軍は艦隊編成を組んで戦うから、二乗論で計算してみた場合、5^2+5^2対3^2であるから五十対九になる）。これで絶望的になった日本海軍は、今度は国防に責任がもてないと言い出し、統帥権干犯問題（軍部は天皇に直属なのだから、政府や内閣からとやかく言われる筋合いではない）という屁理屈を持ち出した。

やがて昭和になって中堅将校の独断を生み出し、下《げ》剋《こく》上の世の中となった。またこれが、大東亜戦争の原因の一つとなったことも事実である。大正時代の軍縮（＝ワシントン会議）とはまた、その中身を具体的に書いてみれば、八八艦隊構想を中断したことによるものであった。

海軍の場合、戦艦「加賀」の建造途中から空母に転換し、巡洋戦艦「赤城」の建造途中から空母に転換した。この当時の、空母は主力艦ではなく補助艦であった。空母が主力艦になったのは、その後の航空機の発達によるものである。また、建造途中であった戦艦「土佐」と「薩摩」は土佐湾沖に沈められたのであった。

一方の陸軍は、四個師団（＝久留米の第十八師団、宇都宮の第十四師団、豊橋の第十二師団、岡山の第十師団である。そのほかに陸軍の将校を多数予備役にした）を削減した。

大正時代の軍縮は、加藤高明内閣総理大臣、宇垣一成陸軍大臣、加藤友三郎海軍大臣らの懸命なる努力で、欧米諸国との協調外交を何とか支えていたのである。もちろん、軍人たちは大いに不満であった、何も日本だけが泣き寝入りする必要は、ないではないか。日本の伸張しようとする国力を、アメリカが謀略で強引に抑えこんだ状態の会議であったからだ。不公平な軍縮会議であった。

しかし、加藤友三郎海軍大臣の説得で粛々《しゅくしゅく》として、これに従ったのである。英米との軍拡（＝建艦競争）にまともに突き進んでいた日本。おそらく日本の国家財政も破綻していたのではないか。内心ほっと胸をなでおろし、国家予算の多くを軍事費が占める異常さを悟っていた加藤友三郎海軍大臣。

そして一見、日本の屈辱的外交と見えた英米との協調外交は、大正時代の日本に思わぬ幸運をもたらした。それは、「和製民主主義」が広がった、大正デモクラシーといわれた時期で、近代日本のもっとも輝かしい時代でもあった。

このように、英米の協調外交（＝北進論）は、日本を利するし、英米との敵対外交（＝南進論）は、日本を破滅に追い遣《や》った歴史的事実がある。日本外交の基本方針は、平成の今日でも何ら変わっていないのではないか。

輝かしい大正時代にも、日本にとってとんでもない病原体（＝ウイルス）が侵入してきた。それは、共産主義思想（＝マルクス・レーニン主義の思想）である。

その実態はソ連コミンテルン（国際共産主義運動）であって、謀略活動は大正十年（一九二一年頃）から密かに日本の地下活動で胎動していた。やがて、この思想に洗脳された若きエリートたちは、昭和という時代になって、その芽をふき出してくるのである。それが「近衛文麿とそのブレーンたち」である。このことについては、第五章から詳しく書いていきたい。

(5) パリ平和会議

第一次世界大戦で、戦勝国となった国はイギリス、フランス、アメリカ、日本である。敗戦国はドイツ。ロシアは大戦中にロシア革命で脱落し、オーストリア、ハンガリー帝国は解体した。イタリアはさして力を持っていない。

したがって、第一次世界大戦後、本当に発言力のある列強は、イギリス、フランス、アメリカ、日本の四ヵ国だった。アメリカは途中からではあるが、この戦争に積極的に参加した。特にアメリカは、陸軍部隊をヨーロッパ戦線にまで送りこみ、イギリス、フランスと共に血を流して戦った。

このことが、戦後アメリカの発言力を強めることになり、それは全世界に波及していった。それまでは、英米と言っていたのが米英となり、イギリスに替わってアメリカが世界の指導者になっていったのである。

かたや、日本の方は日英同盟の条約が、インドまでとなっていたので、ヨーロッパ戦線まで陸軍部隊を送らなかった。イギリスから再三にわたって陸軍部隊の要請があったにもかかわらず、財政難を理由についに派遣しなかった。日本が地中海に派遣した海軍の活躍は大いに感謝されたが、ヨーロッパ戦線に陸軍部隊を派遣したアメリカには、及ばなかったのである。

いわば、日本としては消極的な参戦の仕方であった。したがって、第一次世界大戦後、本当に発言力のあった国はアメリカであり、イギリス、フランスに対して大いに恩を売った。実際に、アメリカのお陰でもあったからだ。この強くなったアメリカが、パリ平和会議（＝ベルサイユ講和会議）で指導権をにぎり、大番振る舞いを行なったのである。

時のアメリカ大統領はウイルソンであり、相当な辣腕家《らつわんか》ぶりを発揮した。日本もこの会議に列強の一国として参加した。日本の特命全権大使は、牧野伸顕（＝明治維新の功労者であった大久保利道の次男にあたる人である）で、ほかに、元老西園寺公望、若き近衛文麿らが随員として参加していた。

なお、この近衛文麿には、この当時書いた論文「英米本位の平和主義を排す」（この論文のことは第五章で詳しく触れたい）がある。「日本及日本人」という雑誌に掲載された（大正七年十二月第十五号）。これなどは後の昭和十六年十二月に勃発した「大東亜戦争」の原因そのものではないか。近衛文麿は、すでに大正七年当時から英米との戦争を考えていたようである。

パリ会議の主要テーマの一つに、「人種差別撤廃問題」があった。これは、日本の特命全権大使牧野伸顕が掲げていた問題で、人間を皮膚の色で差別するのはおかしいことであり、このような人種差別政策は、即座に撤廃しようではないかと提案した。

当時の欧米諸国は、植民地支配と人種差別政策によって飯を食っていたのである。日本特命全権大使、牧野伸顕はまさに正論を言ったのであるが、時のアメリカ大統領ウイルソンは猛反対であった。

このような重大な問題は、全会一致でなければ駄目だと、日本の提案を必死になって阻止し、否決に追い込んだ。皮肉なことに、この一件がかえってアメリカの日本敵視を強めてしまった。

そしてアメリカは、とうとう「最後の砦」である日英同盟潰しに取りかかるのである。日本の輝かしい時代でもあった大正デモクラシー、その頂点にあった内閣は加藤高明内閣(一九二四年=大正十三年)である。ロシア革命やアメリカの日本敵視という露骨な圧力に耐えて、日本政府は民主主義政策、軍縮の断行、脱帝国主義的な外交を展開する。特に幣原《しではら》喜重郎が協調外交を行なったのもこの内閣である。そしてこの時代、政党政治は、一応しっかりと機能してはいたのである。

ではなぜ、昭和になって政府が軍や世論を抑えられなかったのかという、日本の近現代史における最大の疑問点に著者はぶち当たる。それは、世界大恐慌や米英からの圧力も考えられるが、一番我が国を根底から破滅させた(大東亜戦争の敗戦)のは、ロシア革命における共産主義思想(マルクス・レーニン主義)が最大の犯人であると著者は考えている。

(6) 国家社会主義の台頭

日本を大東亜戦争に走らせた思想は「軍国主義」「国粋主義」「日本主義」などと呼ばれてきたが、「社会主義」「共産主義」という思想を抜きにして、大東亜戦争を語ることは出来ない。

ロシア革命による危機感からヨーロッパでは、この共産主義と対抗するためにヒットラー、ムッソリーニが極左運動家として登場してきた。ムッソリーニは、ロシア革命のわずか二年後に「イタリア戦争ファッショ」を結成した。またヒットラーのナチス党（＝国家社会主義ドイツ労働党）は、同じくロシア革命の三年後に登場してきた。結党の第一目的は、共産党を破滅させることにあった。

このナチス党とドイツ共産党の死闘は、同じマルクス・レーニン主義の信徒でありながら、反目しあう日本共産党と全共闘系の各セクトの対立関係と同一である。あるいは、この日本共産党と袂《たもと》を分かつ同志でありながら、死闘を繰り広げる全共闘の革マル派と中核派の「内ゲバ」の基本構図と一緒である。

ともあれ、ワイマール憲法下のドイツでは、社会民主党、ドイツ共産党、ナチス党の三つの「左翼」（社会主義）政党が三つ巴《どもえ》で権力を争ったのである。ナチス党が「右翼」もしくは「極右」とされ、ドイツ共産党が「左翼」もしくは「極左」とされるのは、ナチスはユートピアを「ドイツ千年王国」という純血のドイツ民族からなる共産社会においた民族主義なのであり、一方の共産党は、共産主義者からなる共産社会をユートピアとしただけの話なのである。

ことほどさように、ドイツやイタリアが危機感を持ったのは、やはりロシア革命の残酷さやロシア共産党の数々の暴挙が挙げられるのではないか。ロシア革命は、文字通り血みどろの革命で、世界中を震撼《しんかん》させたからだ。大正時代、ロシア革命の影響はこの日本にも表われ、尼港《にこう》事件（ニコライエフスク港、極東のアムール川口にある都市）に見られるような事態であった。戦後の日本の学校教育や一般社会では、ほとんど語られなくなった事件である。

尼港事件は、一九二〇年（大正九年）のことだが、ニコライエフスクには当時七百十数名の日本人がいた。当時のシベリアにはロシア革命の影響で、パルチザンの共産ゲリラが多数いた。このゲリラに日本人居留民（軍隊は百五十名ほどいた）が襲われた事件であった。飛行機というものがまだなかった時代だから、日本軍はすぐに援軍を送れなかった。全員一丸となって戦ったのだが、四千人のパルチザンゲリラには、どう抗しようもなく、女、子供、馬、犬まで殺されて、文字通り玉砕したのである。

ロマノフ王朝大虐殺事件、ソ連コミンテルン決議（全世界の君主制を廃止することを決議した）などが、すでに日本政府の耳にも入っていたので、一九二五年（大正十四年）、治安維持法が公布された。

ここで大正時代の中頃から昭和にかけて、我が国の思想界を大きくリードした「北一輝」と「大川周明」という国家社会主義者を挙げておかねばならない。

まず、北一輝（＝純正社会主義者、共産主義者、マルクス・レーニン主義者）は、戦後の日本では永く軍人出身者だったことから、右翼国家主義者と考えられてきた人だ。しかし、最近の歴史研究では、左翼国家主義者とされてきている。当時の北一輝は、治安維持法の存在があったので、天皇制廃止を口にしなかっただけだ。北一輝と日本共産党の相違は、北はソ連を「祖国」としないで、日本を「祖国」としただけであり、「共産主義者」の革命家であった。

北一輝の代表的な著書に、『日本改造法案大綱』がある。その内容を少し挙げてみると、「華族制度の廃止」「天皇財産の国家下付めしあげ」「私有財産限度、一家族時価百万円を上限、違反者厳罰」「私有地限度、一家族時価十万円を上限」「都市の土地私有制・私有の完全廃止」「私企業限度、資本金一千万円を上限、すなわち大企業の全面国有化」で、これらは、日本共産党や戦後の社会党左派そのものである。

ここに、出てくる「改造」という用語は、治安維持法から逃れるための代用語である。だから『日本改造法案大綱』という北一輝の著書は、一九二三年（大正十二年）、当時の共産主義者の牙城である、共産革命を使命としていた改造社から市販されたのである。また改造とは共産主義革命のことである。

次に、大川周明は幸徳秋水の後継者で、過激な社会主義者、共産主義者であった。日本の社会主義化に、レーニン的暴力革命の方法で実行することを画策しつづけた人物である。

大川周明の目的は、自由主義の政治体制下の政党政治（議会制デモクラシー）潰しであり、市場経済システム潰しであり、軍部をロシア共産党と一体化させ、我が国を一党独裁の社会主義国家にすることであった。

もう一つは、彼の著書にある「大アジア主義」である。昭和初期のアジアは、タイを除いて他はすべて欧州諸国の植民地であった。人種差別も激しく、とても白人たちにはかなわなかった。みな、半ば独立することなど諦《あきら》めていたところ、日露戦争における日本の勝利が、飛び込んできたのである。この勝利のニュースは、有色人種に大変な影響を与え、また彼らを大いに勇気づけたのであった。

アジア諸国の人々は、日本の軍事力を借りて自国の独立を勝ち取ろうと考えるようになり、盛んに日本に接近するようになった。また、日本も幕末、明治維新の頃から欧米諸国の植民地支配、人種差別政策には反対であった。むしろ、こうしたことからの脱却を一貫してやり続ける努力をしてきたのが、近代における日本の姿だった。当時の日本人は、有色人種に大いに同情し、彼らへの独立支援を本気で命を投げ出してもとまで考えていたのである。

昭和になって大川周明が発表した「大アジア主義」の論文は、当時の若者の心を大いに捕らえた（たとえば、アジア人によるアジア。アジアは皆兄弟。白人の植民地から解放。人種差別撤廃。アジア諸国への独立支援）。そして、これらが戦争目的の一つとなり、日本軍は東南アジアに南進していったのである。

このことの原動力となった思想は、大川周明が掲げていた「大アジア主義」であった。これに政治的に絡んでいったのが、近衛文麿とそのブレーンたちで、第一次近衛内閣（昭和十三年十二月）では「東亜新秩序の建設」が閣議決定され、第二次近衛内閣（昭和十五年十月）で「大東亜共栄圏」が確立した。

アジア諸国を白人の植民地支配から解放しようという理念は、人類社会にとって道徳的に倫理的に、もっとも高いものである。この輝かしい日本人の理想は、じつはコインの裏表であって（ごく一部の日本の共産主義者は知っていたことだが）、共産ソ連の勢力の膨張政策でもあった。

その証拠に、敗戦によって日本軍が引き揚げてみると、東アジア（中国、満洲、内モンゴル、新疆ウイグル、チベット、北朝鮮、ベトナム、ラオス、カンボジア、ビルマなど）は、ことごとく共産化したではないか。あるいは、共産勢力の強い国（日本、フィリピン、インドネシア）になったではないか。共産ソ連勢力の膨張政策に嵌《は》められ、その代行（エージェント）を日本軍はさせられたのである。

(7) 第一次南京事件

一九二七年（昭和二年）の三月二十日に起こった第一次南京事件から話を始めたい。それは南京にあった日本領事館が蔣介石軍の暴徒によって襲われた事件である。この事件に関しては、佐々木到一中将の『ある軍人の自伝』（昭和十四年＝一九三九年に書き上げたものを、昭和三十八年＝一九六三年に普遍社、後に勁草書房より出版）に詳しい。この佐々木中将の証言は、以下のようなものである。

――逐日、耳に入るところの事件の真相は悲憤の種だった。英、米、仏の軍艦は遂に城内に向けて火蓋《ひぶた》を切ったのに、我が駆逐艦は遂に隠忍《いんにん》した。しかも革命軍は、日清汽船のハルクに乱入して、これを破壊し、我が艦を目標として射撃し、現に一名の戦死者を出したのである。荒木亀男大尉以下十二名の水兵が城門で武装を解除された。在留外人水兵は全部掠奪され、某々国の何々が殺された。

我が在留民全部は領事館に収容され、しかも三次にわたって暴兵の襲撃を受けた。領事（森岡正平）が神経痛のため、病臥中をかばう夫人を良人《おっと》の前で裸体にし、薪炭庫に連行して二十七人が輪姦したとか。三十数名の婦女は、少女にいたるまで凌辱《りようじよく》せられ、現に我が駆逐艦に収容されて治療を受けた者が十数名もいる。

根本少佐が臀部《でんぶ》を銃剣で突かれ、官邸の二階から庭上に飛び降りた。警察署長が射撃されて瀕死の重傷を負った。抵抗を禁ぜられた水兵が切歯扼腕《せつしやくわん》してこの惨状に目を被うていなければならなかった、等々。しかるに、だ、外務省の公報には、『我が在留婦女にして凌辱を受けたるもの一名も無し』ということであった。

南京居留民の憤激は極点に達した。居留民大会を上海に開き、支那軍の暴状と外務官憲の無責任とを同胞に訴えんとしたが、それすら禁止された、等々。実にこれが我が幣原外交の総決算だったのである（佐々木・前掲書一三八〜一三九ページ）。

当時は米国も英国も仏国も、日本と同じように南京に領事館をおいていた。ただ日本は当時、幣原喜重郎外相の国際協調外交であったので、中国の内政に対しては不干渉主義を標榜していた。また、日本外交が無抵抗で平和主義を通したのは、やはり一九二〇年（大正九年）の尼港事件の前例があったからだ。

イギリスから、再三にわたり軍隊を出すように要請があったが、幣原外相は断固として出兵を拒否した。海軍陸戦隊がいたにもかかわらずである。

こういった幣原の考え方は、当時としては、他に類のないほどの脱帝国主義的で、ワシントン会議の精神を日本は忠実によく守っていた無抵抗主義であったのである。蔣介石軍の暴徒（その政治主任は共産党の林祖涵）は、コミンテルンから南京に入城して列国との間に事件を起こせ、という司令を受けていたのである。

一九二七年（昭和二年）には漢口（武漢三鎮、揚子江中流）でも、似たような事件が発生していた。共産党の意図は、列国と事件を起こさせ、国際問題を紛糾させることによって蔣介石を失脚させ、共産党が実権を奪取することにあった。

この事件から十年後の一九三七年（昭和十二年）七月七日、蘆溝橋事件が発生したではないか。これは漁夫の利を得ようとした中国共産党の陰謀であった。

話を昭和二年の南京に戻す。領事館内は、荒木亀男大尉以下十二名の海軍陸戦隊がいた。しかも、重機関銃一丁を持っていたので、戦おうと思えば十分戦えたはずである。しかし、森岡正平領事は話し合えば解ると、陸戦隊に武装解除を命令した。陸戦隊は泪《なみだ》を飲んで森岡正平領事に従ったが、結果は館内にいた女、子供を含む五十数名の日本人は、暴徒になすがままに犯された。何と今の日本外交とよく似た話である。無抵抗平和主義は結局、このような結果を招いてしまうのである。

米、英、仏は揚子江より軍艦で砲撃して暴徒を蹴散らしたが、日本は軍艦から一発の砲撃も行なっていない。この事件後、荒木亀男海軍大尉は海軍軍人として、屈辱に堪えられず、重巡洋艦「利根」の館長室で割腹自殺を図ったのである。この事件は、これで終わらず、むしろ日本の国益や利権を損なう重大な問題へと発展していったのである。

そして、日本人は襲われても抵抗しないということが、一度中国人の頭の中に注入されると、事件が次から次へと起こっていったのである。満洲における日本人への迫害事件、済南事件、第一次上海事件しかり、もっと小さな事件は山ほど起こったのである。

在留邦人の権益を守ろうとする日本、日本人を挑発して略奪、強姦、放火を行ない、中国の動乱に日本を巻き込もうとする中国。やがて、このことは、蘆溝橋事件へと繋がって、日中全面戦争へと拡大していった。

(8) 世界大恐慌

一九二九年（昭和四年）十月二十四日木曜日、ニューヨークの証券取引所で株価が大暴落し、一度は持ち直したものの、その五日後の二十九日火曜日、ふたたび暴落した。世界中をおおった大恐慌で、当時の日本もやっと軽工業から重工業へ脱皮する寸前をやられたのである。

その原因は、ホーリー・スムート法というアメリカの超高率関税法であった。その頃のアメリカは、工業などでヨーロッパに遅れをとっていた。ヨーロッパからよい製品がつぎつぎと入ってくれば、自国の産業がつぶれてしまう。

そこで、輸入品に高い関税をかけて必然的に販売価格を引き上げれば、自国製が相対的に安くなり、売れるようになる、というわけである。しかし、日本にとっては、一切の米国への輸出を禁止する法案であった。これは、完璧なブロック経済であり、たとえば、当時日本からの雑貨商品に、じつに八百パーセントの関税をかけたのである。

それだけでなく、この他に関税をかけた商品は約千五百品目に及んだ。まさに、万里の長城のような関税であった。アメリカのような巨大市場がドアを閉ざせば、当然、世界の貿易は重大な打撃をこうむる。現にそれから一年足らずで、世界貿易は何と二分の一にまで落ち込んだ。かくして、アメリカの証券市場の大暴落は世界大恐慌に発展したのである。

また、これ以外に大英帝国によるブロック経済があった。一九三二年(昭和七年)、カナダのオタワで帝国関税会議が開かれ、ブロック経済化を決定する。このオタワ会議の主たる眼目は、特恵関税同盟だった。イギリス連邦内、すなわちイギリス本国と植民地の間の貿易においては関税をゼロ、あるいは優遇的に安くし、それ以外の国に対しては、高率の関税を課すというものである。

その対象となる国は、カナダ、オーストラリア、ニュージランド、南アフリカ、アイルランド、インド、ニューファウンドランド、南アフリカ連邦、南ローデシア、ビルマ、マレー、シンガポール、香港、エジプトであった。なお、オタワ会議に参加した国は、二十四ヵ国であった。

米英によるこのブロック経済で、日本は経済的に完全に締め上げられた。自由貿易でかろうじて飯を食っていた日本は、もうひとたまりもなく壊滅的打撃をこうむったのである。日本の農村を直撃し、特に東北地方では冷害とも重なって、娘を「売春宿」などに売ったりした。また都市では、失業者が溢れ、「大学は出たけれど」という言葉が流行《はや》った時代である。この打開策として登場してきたのが、日本陸軍が行なった満洲事変であった。

(9) 満洲事変

一九三一年（昭和六年）九月十八日、満洲・奉天駅近くの柳条湖付近で南満洲鉄道が爆破されるという事件が起こった。この鉄道爆破事件は、関東軍の作戦主任参謀石原莞爾中佐、高級参謀板垣征四郎大佐の二人が中心となり、独断で仕組んだことだった。

米国による日本人移民に土地所有権まで取り上げた絶対的排日移民法の影響、これは当時の日本人に大変な閉塞感を与えたのである。そして、「アメリカが駄目なら満洲がある」という話が支配的になった。

一方の満洲では、張作霖、張学良父子の独裁的、強圧的支配が続いていた。彼の政治は、国家予算の八十パーセントが軍事費で民衆を顧みることはなく、また税金の取り立てに重機関銃を持ち歩き、五年、十年先の税金まで取り立てたのであった。そして、支那人による排日・侮日・反日運動が激化し、日本人居留民が日々、危険に晒《さら》された。

他方、ソ運の方は五ヵ年計画をつぎつぎと成功させ、満洲国境付近に大軍を集結させてきた。ソ運との軍事力の差は、日露戦争当時よりもはるかに拡大しており、満洲に駐屯していた関東軍の危機感は強まる一方だった。そのうえ、北満洲ではソ運の共産主義運動が活発で、コミンテルンの謀略、工作員の活動などでほぼ共産化している状態であった。

そんなおり、北京の紫禁城にいた宣統帝こと溥儀《ふぎ》は先祖（＝ツングース系の女真族、愛新覚羅氏）の土地満洲、ここへ帰り自分は満洲国の皇帝でありたいとの希望があった。その真相は溥儀が北京の紫禁城に廃帝としていたころ、先祖の墓が蔣介石軍によって爆破され、墓の中の宝物が勝手に略奪された事件があったからだ。そんな支那兵につくづく嫌気がさしたので、溥儀は軍規厳正で真面目な日本軍を頼るようになったのである。

しかし、戦後の日本の歴史教育では、日本陸軍が無理矢理に溥儀を引っ張り出し、皇帝の座につけたとなっている。溥儀自身の意志であったことは確かな証拠がある。

たとえば、溥儀の家庭教師をしていたイギリス人レジナルド・フレミング・ジョンストン卿、イギリスにおけるシナ学の第一人者の著書に『紫禁城の黄昏《たそがれ》』という本がある。この本の中に、このあたりの溥儀の事情や日本陸軍の都合が詳しく書かれている。

辛亥革命で清朝が崩壊して以来、溥儀は紫禁城で暮らすことが許されていたが、一九二四（大正十三年）のクーデーターで追われてしまう。そこで溥儀が助けを求めて逃げ込んできたのは、天津にあった日本公使館だった。これは溥儀の家庭教師だったイギリス人、ジョンストン卿が、日本公使館が一番安全だと言ったことによる。溥儀自身も日本の皇室を尊敬していたし、大の親日家であった。満洲国建国は、民族自決という観点からも理にかなっており、また溥儀自身も望んだことだった。

そして、日本の仮想敵国がソ連であったように、満洲は何よりも日本の国防上もっとも重要な緩衝地帯であった。当時の日本人にとって、満洲は経済的にもあらゆる点で景気回復の女神のごとく思われ、希望の国であったのである。そして何よりも、当時の満洲の有力者や経済人は、ほとんど満洲国建国に賛同し協力したのである。少数の反対者もいたが、たった六ヵ月で満洲国が出来上がり、東洋で一番栄えた国になったのである。

それなのに現在の日本では、『紫禁城の黄昏』の文庫本（岩波文庫）において、左翼にとって都合の悪いところは、つぎつぎと削除して書き換えを行なっている。これらのことは、この満洲国建設が日本の植民地支配であり、満洲事変から侵略戦争（＝大東亜戦争）を始めた日本は、とてつもなく悪い国であったように宣伝したいという、彼らの願望そのものであろう。

実際の満洲国建設は、以下のようなものであった。満洲人は系統的には、ツングースに属する民族で、その言語もアルタイ語族に属するとされるツングース語の一方言である。つまり、民族的に漢民族とはまったく系統を異にし、言語も漢語とは別物である。

宋の時代以後、「女真」と呼ばれた、この女真族が建てた国が「金」である。後に長白山の近くから起こった女真族の愛新覚羅氏が、同族たる満洲族を統一し、東蒙古族と組んで建てた国が「後金」である。この時のリーダーがヌルハチであり、後に清の太祖と呼ばれた。

つまり、満洲族は漢民族の中国人とは、まったく違う民族なのである。

日露戦争後、国際的に空き地であった満洲、その人口は二十世紀初め、せいぜい百万人くらいであった。それが、終戦時には五千万人をはるかに超えていたそうである（満洲国国勢調査資料による）。有史以来、戦乱と動乱に明け暮れている中国大陸から、一家を挙げて万里の長城や山海関を越えて、彼らの桃源郷である満洲にやってきたのである。日本人が管理する国（満洲）、そこには、日本からの莫大な投資（今の貨幣価値に換算すると二十兆円）があった。

余談になるが、戦後三十年間ぐらい、毛沢東の中共政権は、戦前の日本が大陸（投資額は約十兆円）や満洲（投資額は約二十兆円）に投資した資産（約三十兆円）で、じつは飯を食っていたのである。毛沢東の行なった国共内戦、大躍進時代、文化大革命時代、すべて経済文化面では失敗であり、自国民約六千万人を犠牲にしたのである。

これら日本の資産をすべて食い潰し、どうにもならなくなって登場してきたのが、経済というものが解る鄧小平（一九七八年）であった。彼の政策（改革解放経済）は、日本から資金と技術の指導に負うところが大きい。いわば、現中共政権にとっての戦後の六十年間は、おんぶにだっこの状態であり、日本の植民地であったといっても過言ではないのではないか。

話を元に戻す。この満洲における日本の掲げていた理想は、五族共和の共存共栄であり、事実、満洲国は経済的発展を遂げていったのである。

五族共和の五族とは、満洲人、蒙古人、漢人、朝鮮人、日本人であった。これらの民族が共存共栄して国家建設に邁進したのである。日本の支配であったことは確かなことであるが、たとえば、馬賊出身者や遊牧民や農民では、とても近代国家を運営する能力がなかったので、日本人の官僚たちが上に立ったのである。

満洲は、本来の中国（漢民族）の領土ではない。動かぬ証拠に万里の長城や山海関があるではないか。これが古代からの中国の国境であった。ちなみに、「関東軍」という言葉は、山海関の東にいた軍隊だから「関東軍」という名前になったのである。日本の「関東」という言葉は「箱根の関」の東にある国だったから、これを「関東」と呼ぶようになったのである。

満洲に限らず「チベット」「新彊ウイグル」「内モンゴル」、これらの国は本来の中国（漢民族）の領土ではない。現在の中共政府が侵略し、弾圧し、大虐殺を行なって、征服しているだけのことである。新彊ウイグル地区には、「玉門関」という城があるが、ここが古代からの中国の西の入り口であるということである。

また、南のベトナムとの国境には「南鎮関」という城があり、ここを古代より中国の王朝は、ベトナムとの国境にしていたのであった。いずれにしろ、満洲国は日本人が中心であったけれど、日本の植民地ではない。

満洲は日本が侵略して手に入れた領土でもない。満洲国はあくまでも日本がもともと持っていた権利（日露戦争で得た権利）と皇帝溥儀の、自分はあくまでも満洲国の皇帝でありたいという希望を、それを満洲国建国というアイデアで行なったということである。

戦前の東アジアは、一番経済発展をして栄えていた地域で、四千万人を超える中国人（漢民族）が戦乱を避けてやってきたのである。また三百万人を越える朝鮮人、百万人を越える蒙古人、日本人も二百万人以上（満蒙開拓団）が新天地満洲にいったのである。日本が満洲国に注ぎ込んだ金は、現在の貨幣価値ではおよそ二十兆円になるといわれている。

本当に五族共和、王道楽土の国を実現したのである。戦後教育において日本人は、勝手に他人の土地に入っていって、侵略戦争を行ない、植民地支配をして、現地の人たちに多大の迷惑をかけたということになっている。これは、おかしな話であって、歴史的事実と辻褄が合わないではないか。

それでは、彼らが言うそんなに悪いことをする日本人の経営する満洲国に、なぜ彼ら（漢民族の中国人）は遥々《はるばる》やってきたのかという歴史的疑問点に、まずぶち当たる。日本が中国を侵略したなどという話は、元来、日本の左翼団体のプロパガンダ（＝政治的嘘宣伝）なのである。

では、なぜ日本の左翼団体は、このようなプロパガンダを戦後六十三年間も、教育の場に持ち込んだのかと言うと、そこにはやはり重大な秘密があったのである。その証拠を挙げていくと、以下のようなことが出てくる。一九九四年の「江沢民談話」によると――、『わが中国共産党は、日本軍を挑発し、中日戦争に持ち込むことに腐心した。そして、大陸の奥地へ奥地へと引きずり込み、日本軍を釘づけにすることに成功した。その数は日本陸軍の七割にものぼった。よってわが中国共産党は、第二次世界大戦で、連合国軍側で一番戦争に貢献した国といえる』

一九六三年（昭和三十八年）に行なわれた毛沢東との会談のため、日本社会党委員長佐々木幸三が北京を訪問した時、毛沢東主席に対し、「先の不幸な戦争で貴国に対して、痛切な損害を与えたことはまことに遺憾なことであった」と謝罪した。

ところが、毛沢東はにっこりと笑って佐々木委員長に対し、「いやいや、何を言っているんですか、佐々木さん。あのとき皇軍（＝日本軍）がやってきてくれたからこそ、中国共産党は助かったのである。皇軍（＝日本軍）がやってきてくれたからこそ、中国共産主義革命が出来たのである。私は皇軍（＝日本軍）に対し大変感謝しているのである」と答えたのであった。

一九七四年（昭和四十九年）、田中角栄首相と周恩来首相の間で日中共同声明が発表されるが、この時の会談の内容は、およそ以下のようなものであった。

まず周恩来首相は、日中戦争の戦時賠償問題を持ち出してきた。これに対し、田中角栄首相は応酬した。日中戦争（八年戦争）は蔣介石軍（中華民国軍）と戦ったことで、中国共産党とはほとんど戦っていないではないか。また、当時の中国をほぼ全土、手中にしていたのは蔣介石であって毛沢東の中共政権ではなかった。中国にあった日本の資産や日本軍の資産は、現在の貨幣価値で言うと、およそ三十兆円。それに防衛庁にある資料で、終戦当時、大陸には百二十七万人の日本軍がいたが、その武器、弾薬も含めると、およそ一兆円になるという説もある。

いずれにせよ、これらの日本の資産はすべて蔣介石政権に譲渡したことであるから、日本としては毛沢東の中共政権に対し、戦時賠償を払うのは筋違いではないかと。

しかし、その後の歴代内閣の首相たちは、日中戦争（八年戦争）の真相を知らないか、もしくは歴史に無知な人や頭が東京裁判史観に侵された人が多くなり、結局、中共政府の言うがままにお金を出していった（それがＯＤＡであり、円借款であった）。

話を満洲国建国当時に戻す。軍人石原莞爾中佐が行なった満洲事変は、統帥権干犯を盾に政府を無視し、下剋上を地でいった行為である。これはこれでしっかりと罰すべきことであったが、陸軍の上層部や国民世論が甘かった。じつは当時の日本国民は、満洲事変を待望していたのである（アメリカから締め出された日本は、アメリカが駄目なら満洲があるさと言っていた）。

そして、それはまた日本にとっての世界恐慌からの脱出口であったからだ。後にこれらのことが、軍人の政治問題介入の悪《あ》しき前例をつくった。ともあれ当時の国際情勢では、日本はアメリカ、イギリス（＝アングロサクソン）より、経済的、軍事的にも大変苦しい立場に追いやられていたのである。

一九三三年（昭和八年）、イギリスからリットン調査団が満洲にやってきた、満洲事変をやったのは確かに日本であるが、それがすべて日本は悪い国家であるとはならなかった。むしろ当時の日本のおかれた立場を考慮すると、日本に同情的でもあった。ということは、当時の国際社会においては満洲事変のような問題はいくらでもあったからだ（たとえば、ソ連によるラトビア、リトアニア、エストニア侵略、イタリアによるエチオピア侵略など）。

リットン調査団一行六名はその後、朝鮮に鉄道が出来ていることを耳にした。朝鮮半島を汽車に乗って日本へ行こうと話が決まり、満洲から朝鮮に向かったのである。途中、京城駅に降り立った一行は度肝を抜かれた。まさに朝鮮において近代化が始まろうとしていたからだ。

朝鮮と言えば、それは目も当てられないほどの惨憺たる後進国であったから、一行六名の中の一人の日記の中に、以下のようなことが書き留められている。

「日本という国は恐ろしい。あの惨憺たる最貧国の朝鮮を、瞬《また》く間に近代化一歩手前にした日本人、この日本人をこのまま生かしておいたら、我々は間もなく世界中にある全ての植民地を失うであろう」

これらのことも原因の一つとなって、やがて白人たちの嫉妬心を高め、大東亜戦争に繋がっていったのである。日本の必然的な国威の伸張が、西欧文明と衝突していくのである。

⑽　二・二六事件

一九三六年（昭和十一年）二月二十六日の未明、東京で日本中を震撼させた事件が発生した。内大臣斎藤実、教育総監の渡辺錠太郎、大蔵大臣の高橋是清らが暗殺されたのだ。これらの事件は、革新左翼青年将校によるクーデータであって、約一千四百名の兵をもって挙行されたのである。世界大恐慌やアングロサクソンによるブロック経済によって、日本はますます窮地に立たされる中で、陸軍の青年将校が起こしたクーデータであった。

昭和十一年当時では、社会主義、共産主義思想がかなり青年将校たちに浸透していて、彼らはマルクス、レーニン主義にどっぷりと汚染されていたのである。この思想の主体は、レーニンやスターリンが掲げていた、階級闘争史観、労働価値説、平等論などであった。「分配の平等」が「正義」であり、「持てる国」（ブルジョアジー）のものを「持たざる国」（プロレタリアート）が奪っても、「正義」である以上、その手段として「戦争・暴力」を選択してもよく、「平和」(現状維持)の破壊は正当化される。以上はレーニンの教義からである。

これらの思想が意識の根底にあった青年将校たちは、「腐敗政治」の是正と財閥の粛清を掲げ、そして、着実にこれを実行し、軍部の独走を加速させたのであった。いわゆる、議会制民主主義潰しを行ない、一党独裁の国家社会主義を彼らは目指したのである。

また、彼らの夢を「三日間の夢」として吹き飛ばしたのは、「朕《ちん》自らが近衛師団を率いて鎮定に当たらん」と、明治憲法の定める議会制民主主義の体制を断固死守するとの、昭和天皇の堅い御意志それであった。命がけで立憲君主の立場を乗り越えられた行為であった(ちなみに、昭和天皇が立憲君主の立場を乗り越えられたのは、二・二六事件と終戦の御聖断の二つだけである)。

この二・二六事件の残した影響は二つあるのではないか。

第一は、軍部によるテロリズムの恐怖と軍部の専横や独走に対し、政治家が強く抵抗する意志をなくしてしまったことである。

第二は、軍全体では二・二六事件の失敗で、昭和天皇のもとでは武力による政権奪取やテロリズムなどの非合法では、絶対に成功しないと思い知らされて、合法的に国家権力を奪取する方策を考え出した。これによって、天皇によって阻止されることを痛感した彼らは、第三の道を考え出したのである。

それは、天皇を封じ込め、天皇を無力化できる内閣を合法的につくることであった。日本の社会主義化、共産主義化のために、天皇を封じ込めることが出来る人物というか政治家は、この当時たった一人、日本にいたのである。それは、五摂家(=皇室、皇族宮家ではない公家の筆頭）の筆頭である、近衛家の若き貴公子、棟梁である公爵の近衛文麿であった。

〔昭和天皇と近衛文麿とのエピソード〕

一九三七年（昭和十二年）六月四日、内閣総理大臣となった近衛文麿は、よく宮中に参内《さんだい》して昭和天皇と会談をもうけたことがあった。そのおり、近衛文麿はいつも椅子に座り、足を組んで、「ねー陛下」と言って、陛下と話をしていたようである。こんなことが出来るのは、当時としては近衛文麿ただ一人で、他の誰もこのようなことは成し得なかったのである。今の時代から考えても、まことに無礼な話である。

それもこれも、こんなことが出来るのは、天皇家と藤原氏（＝近衛家）の関係が神代、神話の時代からであり、およそ二千年になるからである。

もともと藤原氏は天皇家と同格ぐらいの豪族であったが、天皇家の臣下となったばかりに、藤原氏は日陰者に転落し、その後の歴史は天皇家ばかりが尊ばれたのである。歴史上、天皇家にも幾度かの危機があったが、その時、藤原氏はよく天皇家を補佐し助けてきた家柄である。

そのことを、誰よりもよく認知していた近衛文麿は、陛下の前でも恐縮することもなく、いつも大きな態度で「ねー陛下」と言って話をしていた。

大東亜戦争（＝八年戦争）の期間、昭和天皇を押さえ込み、いつも陛下に盾突いていたのは、ほかならぬ近衛文麿その人ではないか（筑波大学教授中川八洋、大東亜戦争と「開戦責任」一二二ページより）。

戦前、日本においてその社会主義化への道は、三つのタイプが探求された。「第一の道」は、天皇（皇室）を廃してソ連型の政治体制を丸写しにするやり方である。ソ連（ロシア共産党）がその支部として一九二二年（大正十一年）につくった「コミンテルン日本支部」（「日本共産党」はこの略称）による非合法かつ暴力革命による方法である。

「第二の道」は、天皇にレーニン（もしくはスターリン）を「想像」（幻視）し、この「想像上の天皇」が伝統的な「親政」という名を冠して実際にレーニン的な独裁をすることにおいて、日本を「人類の進歩」たる社会主義国家〝革新（改造）〟にすることであった。五・一五事件や二・二六事件の〝革新（左翼）〟将校のクーデターの目指したのは、これであった。つまり天皇に共産主義者になってもらうことであった。

そして、「第一の道」は、治安維持法のあるなしにかかわらず、天皇に弓引くことなど万一にも夢想だにしない、当時の九十九パーセントの日本国民が断固拒否するものであったから、このタイプの方策は当時では空想にすぎなかった。また「第二の道」も、「想像上の天皇」など実態として存在しないばかりか、〝現実の天皇〟そのものが猛然と反撃して「三日間の夢」と潰滅させられた。

〝革新（左翼）〟勢力としては、残る方策は「第三の道」それしかないから、これで一致して合意をし、一丸となって日本の国家維新（革命・改造）に走り出したのである。

【第二部】

第五章——近衛文麿

五摂家の筆頭である近衛家の若き当主、公爵。日本では天皇家につぐ名門の家柄で、藤原鎌足を始祖に一三五〇年の歴史伝統のある名家。その若き貴公子は、大正時代の初めの頃、東京帝国大学から京都帝国大学に移籍し、『貧乏物語』の著者として著名なあの当代随一の共産主義者の河上肇（京大助教授、共産党員、懲役五年の実刑）のもとで学び、師弟関係にあった。

だがちなみに、京都大学では経済学部の教授になると、現在でも河上肇の墓参りにみんなでお礼方々行くそうである。それほど河上肇は京都大学で神格視されている人である。

近衛文麿は共産主義に傾倒したが、以下のような文章がある。

「当時の河上氏は既にマルクスの研究をしていて我々にマルクスが読めるようにならなければ駄目だと終始言っていた……氏の宅を訪問すると、書斎に通され、火鉢を囲み刻み煙草を吹かしながらも、静かな気持ちで何時までも話し相手になってくれた。この頃は河上氏から二冊の本をもらった。一つはスペルゴーの『カール・マルクスの生涯』であり、一つはイタリーのトリノ大学ロリア教授の『コンテンポラリー・ソーシャル・プロブレムズ』。後者に就《つ》いては……私も亦興奮して、一気呵成にそれを読み了った事を」（「清談録」千倉書房より）

また近衛文麿二十七歳の時の論文「英米本位の平和主義を排す」をここに引用したい。「近年の日本国民は、英米政治家の華々しい言論に魅惑《みわく》されて欧米流の民主主義・人道主義の背後に利己主義が潜んでいることに気付かない。我々は盲目的、無批判的に英米本位の国際連盟や平和主義を謳歌すべきでなく、日本人本位に考える必要がある。

日本人本位に考えるとは、決して利己主義のことでなく日本人の正当なる生存権を確認し、これへの不当な圧迫に対してはあくまでも抵抗する覚悟を持つと言うことである。従って正義と平和とは必ずしも一致せず、我々日本人は正義のために平和を捨てることをも覚悟する必要がある。

欧米人の論ずるところの平和とは、自分達に有利な『現状維持』を図ろうとする『事勿れ主義』に他ならず、正義、人道とは相反するものである。領土が狭く資源が乏しい日本としては、英米が植民地を閉鎖しようとする場合には、『自己生存の必要』、ドイツのように『現状打破の挙』に出ざるを得ない。我が日本は、『英米本位の平和主義』には妄《みだ》りに耳を貸さず、真の正義人道の建前に立って、その主張の貫徹に努めるべきである」（「日本及日本人」大正七年十二月十五日、近衛論文より）

近衛の論文から窺《うかが》えることは、後の昭和十六年七月二日の第二次近衛内閣における「南進論」「対英米戦を辞さず」「情勢ノ推移ニ伴フ帝国国策要項」である。それは、近衛文麿の〃祖国であるソ連〃を守るためには、日本軍を南進させなければならないという信念を強硬に打ち出したことで、ある程度立証できるのではないか。

北進論を潰してしまってソ連を守り、逆に南進論をぶって日本軍を英米と激突させ、消耗させようという陰謀があったのである（なお、この南進論には日本陸軍を南に追いやり、出来るだけソ連軍から遠ざけようという意図もあった）。

「三つ子の魂百まで」というが、近衛文麿は青春時代に受けた「マルクス・レーニン主義」の思想を壮年期に至るまで持ち続け、遂に転向することはなかった。

この思想の怖さは、人間をめろめろにする薬物的効果があることで、完全に転向することが難しく、熟年期になっても意識の根底に持ち続けるからである。

次に中川八洋教授の『大東亜戦争と開戦責任者』の図書から挙げておく。

近衛論文は、まさにマルクス・レーニン主義の思想の教科書通りのことを挙げている。たとえば、「分配の平等」が「正義」であり、「持てる国」（ブルジョアジー）のものを「持たざる国」（プロレタリアート）が奪っても「正義」なのだ。「正義」である以上、その手段として「戦争・暴力」を選択してもよく、「平和」（現状維持）の破壊は正当化される。じつにレーニンの教義そのままである。

第六章——近衛文麿とその側近

ブレーンのマルキスト（共産主義者）たちの紹介をここでしておきたい（内閣の朝飯会）。

近衛文麿……マルクス・レーニン主義者、過激な共産主義者、フリーメーソン親ソ系のマルキスト。

尾崎秀美……近衛の参謀長的存在、朝日新聞記者、ソ連の大物スパイ、近衛内閣参与、親ソ系のマルキスト、ゾルゲ事件で逮捕処刑。

風見章……書記官長（＝現在の官房長官）、親ソ系のマルキスト、戦後社会党左派「日ソ協会」の副会長、近衛文麿の副参謀長的存在、第二次近衛内閣の法相。

佐々弘雄……朝日新聞記者、熊本日日新聞社長、共産主義者。

笠信太郎……ソ連の大物スパイ、共産主義者、著書に『日本経済の再編成』。

牛場友彦……共産主義者。東大法学部卒、近衛文麿の秘書官。

西園寺公一……元老西園寺公望の孫、東大法学部卒、近衛文麿の秘書官、日中講和条約の阻止に暗躍、ゾルゲ事件で逮捕、中国共産党系のマルキスト。

蠟山正道……お茶の水女子大学名誉教授、共産主義者、大政翼賛会から衆院議員に当選「中央公論」主幹。

松本重治……ゾルゲ事件で逮捕、朝日新聞社記者、共産主義者。

犬養武……犬養首相の子息、日中講和条約の阻止に暗躍、ゾルゲ事件で逮捕、中国共産党系のマルキスト。

〔昭和研究会の有力メンバー〕

後藤隆之介……昭和研究会代表世話人、大政翼賛会の組織局長、マルキスト。

峻義等……マルキスト。

東畑精一……マルキスト、東大名誉教授、農林省農業総合研究所所長、米価審議会会長。

矢部貞治……東大政治学科卒、同教授、近衛文麿のブレーンとして東亜新秩序構想に貢献、外務省、大東亜省、海軍省など歴任、大東亜共栄圏構想の政策立案に携わった。

平卓蔵……法政大学教授、労農派の過激な社会主義者、満鉄調査部参事。

〔企画院グループ〕
稲葉秀三……昭和十二年に企画院に入り、物資動員計画を策定、経済評論家、治安維持法違反で投獄（マルキスト、企画院事件で逮捕）。
勝間田清一……企画院調査官、企画院事件で逮捕、二年間巣鴨の監獄で過ごす、マルキスト、戦後社会党書記長、委員長。

正木千冬……東大卒、昭和期の統計学者、政治家、マルキスト、企画院事件で逮捕。

コミンテルンや日本共産党と通じて、官庁人民戦線なるものをつくったという疑いを受けた事件である。一九三七年（昭和十二年）十月、企画院は設立された。上智大学名誉教授渡部昇一の『日本近代史』（一二八ページ）から引用する。

〔左翼社会主義に傾倒した官僚がつくりあげた全体主義国家構想〕軍部が急激に台頭するなか、それに呼応するかたちで官僚たちも左翼社会主義に傾倒し、ついに悪しき企画院が設立される。その首謀者たる革新官僚たちが統制経済を推し進めるために設立したわけが、なぜ彼らは統制経済を推進するに至ったのか。このことを説明するには、一九三〇年ごろまで遡《さかのぼ》らなければならない。統帥権干犯問題が起こり、陸軍青年将校が左翼社会主義の影響を受け始めたころである。

〔企画院事件とは〕

軍部が内閣の力を削ぐのを見て、官僚たちも政党政治を軽視し始めた。そこで、彼らに芽生えたのが、自分たちは「天皇の官僚」である、という意識だった。つまり、天皇に直属する軍部の高級軍人は軍部の「官僚」なのだから、同じく「官僚」である自分たちも、天皇に直属するというのである。

加えて、大恐慌を背景に、自由主義経済が疑問視されていたことも彼らを高揚させた。というのも、官僚の権限は、国の統制力が強いほど増えるものだからである。自由主義経済では貧富の差が出た。不景気の今こそ、国が経済を統制して私有財産を制限すべきだ――官僚たちは、ようやく自分たちの出番がきたと思ったのである。

こうして「親軍部・反政党」となり、左翼社会主義に染まった官僚が、いわゆる「新官僚」である。そこへ二・二六事件が起き、彼らの動きは加速する。統制派が完全掌握した陸軍とともに、新官僚たちは、経済統制を押し進める。「新官僚」は、いまや「革新官僚」ともいうべきものになったのだ。

この論文にあるように、表面上は右翼社会主義だが、実際は二・二六事件の青年将校らに見られるように、中身は左翼社会主義であった。革新（左翼）青年将校というのが正しいのではないか。「右翼＝社会主義者」。たとえば、近衛文麿の終戦時の上奏文にあるように「右翼者流れるも……共産分子なり」という名文がある。

日本の帝国陸軍は一九三〇年代（昭和五年）以降、彼らはサーベルを日本刀（軍刀）に、軍隊を「皇軍」に、国土を「皇土」に、昭和時代を「昭和聖代」に、マルクス・レーニン主義を「日本主義」「国家主義」というように、民族主義的な色彩でごまかしていたのである。

この民族主義的に粉飾された社会主義、共産主義は、政治家、軍人、官僚らによって、戦争遂行上もっとも都合がよかった国家社会主義の全体主義国家へと、日本は誘導されていったのである。こうして、ナチスばりの全体主義国家構想が政府を支配した。

そのうち、強大な権限を持つ経済統制の中枢機関が誕生する。優秀な革新官僚が集まり、議会の立法とは別に国策を立てるという発想は、すでに内閣調査局というかたちで実現されていたが、企画院はその権限をさらに強めたものであった。

さらに、昭和十三年四月、近衛文麿総理大臣は、国家総動員法や電力国家管理法を強引に議会で決議させたという歴史的事実がある。これらのメンバーにはある種の共通点が挙げられるのではないか。それは青春時代がみな大正時代で、大正デモクラシーと呼ばれた時代であることだ。

そして、この時代にロシア革命が起こるが、これは人類の理想社会として彼らの心を捉え、羨望の的として若者の心を虜《とりこ》にした（マルクス主義は東京帝国大学、京都帝国大学、陸軍大学校、陸軍士官学校などのエリート青年たちに痛烈な思想的影響を与えたのである）。

もう一つの共通点は、みなほぼ少年期、青年期に裕福な家庭に育ち、貧しく恵まれない人たちに対し同情的で正義感が強かった。裕福ゆえの後ろめたさがある、真面目で純粋な人たちだった。その青年たちの心を、レーニンの掲げていた「平等論」がうまく捉え、共産主義者へと導いていったのではないか。青年期の思想が熟年期になって変わることは稀であって、一般的には転向は起こり得ないのである。

筑波大学中川八洋教授の『大東亜戦争と開戦責任』という図書によると、昭和十二年六月四日、四十五歳の近衛が総理大臣になったその直後に、何と治安維持法や刑事犯罪で服役中の共産党員や二・二六事件の革新将校（社会主義カブレの青年士官）を大赦しようと奔走して、元老、重臣、その他の政府機関関係者はビックリしたという。

このように近衛は、社会主義、共産主義運動であれば殺人にも違法性はなく、「正義」であるとする純粋な共産主義の考えを持っている。日本には、昭和十二年六月四日以降、事実上、共産党政権が誕生したのであった。また以後八年間、我々日本人は、社会主義国家、共産主義国家という政治態勢を強制的に体験させられたのである。

第七章——蘆溝橋事件

昭和十二年七月十日、日本海軍大和田通信所（和智恒蔵少佐）は、北京駐在のアメリカ海軍武官のワシントンあて緊急通信を傍受・解読した。「十日午後七時、宋哲元指揮下の第二十九軍の中に停戦を不満とする将校によって、日本軍への攻撃を再開する計画が進んでいる」と。

和智少佐は昭和二十一年、東京裁判で傍受・解読した電文を証拠書類として提出した。これを見たキーナン検事長は、結局のところ蘆溝橋事件をうやむやにし、判決のないまま裁判は終わってしまった。

昭和十二年七月七日の午後十時二十分頃、日本軍は蘆溝橋付近の演習場で第八中隊（清水中隊長）が演習中であった（日本軍には明治三十三年以来、国際条約にもとづいた北京郊外での、駐兵権と演習権があったのである。何も勝手に演習をやっていたのではない）。

その時、日本軍と中国国民軍のちょうど中間点より小銃の発砲があった。日本軍は演習であったので、実弾と鉄兜を持っていなかったから、本隊に取りに戻ったのである。その後、また四回発砲があったが、日本軍はじっと堪え忍んだのである。

事件に対して日本政府は、終始一貫して不拡大方針であった。しかし、六回目の発砲があった七月八日の午前五時半頃、ついに堪忍袋の緒が切れて日本軍も反撃に出たのである。これが、その後八年間の戦争になろうとは、誰も考えられなかったのではないか。

一般的に蘆溝橋事件は、中国を侵略するために日本軍が仕組んだ事件であるとされているが、蔣介石に追い詰められた中国共産党（劉少奇の部下の学生）が起こした小さな小さな軍事発砲事件であった。すなわち、中国共産党が蔣介石軍と日本軍に発砲したことが最近では定説になってきている。

当時、北京にいた外国軍は米、英、仏、伊、日であった。先にも述べたように、これらの軍隊はみな駐兵権と演習権を持っていた。戦後の東京裁判では、犯人は日本軍であるということで進められたが、その後、裁判をやればやるほど、どうも日本軍ではないということになり、途中で放置されて判決が出ないままになったのだ。戦後、日本の左翼団体は、関東軍の仕業だと盛んに宣伝したことがあった。

以下は筑波大学の中川八洋教授の『大東亜戦争と開戦責任』よりのものだが、現場は中隊規模（百八十名）で一人の戦死者、戦傷者も出なかったのである。

四日目の昭和十二年七月十一日午後八時（日本時間九時）、停戦協定が現地松井（北平特務機関長）秦徳純（第二十九軍副軍長）によって調印される。停戦協定が成立。七月十一日の昼頃から何回も停戦協定が、成立するのではないかとの電報が、近衛首相のもとに入っていた。

七月十一日午後九時に入った電報は、最終的な電報であって、報道界、政界、財界の代表に十分、内地三個師団派兵を中止することが出来たはずであった。

しかし、近衛首相は蘆溝橋事件をまたとないチャンスと考え、停戦協定成立の情報を何の躊躇《ためら》いもなく握りつぶしたのである。昭和十二年七月十一日午後八時（日本時間九時）、近衛は総理官邸に報道界（午後九時）四十名、政界（午後九時半）三十四名、財界（午後十時）二十二名の代表を招き、内地三個師団を派兵するとの「北支派兵声明」の説明という形で、それを国家を挙げての「お祭」にして内外に派手派手しく宣伝したのである。

これによって、概《おおむ》ね同時刻に発効したせっかくの停戦協定は、一瞬にして存在しない死文となってしまった。なぜなら「北支派兵声明」の方は、翌日をもって大ニュースとして全世界を駆け巡ってしまったからである。

その一方で、この停戦協定の締結という真の平和の事実は小さく報道されたが、大仰な「北支派兵声明」の報道の陰で、未熟児が縊死《いし》されたごとくすでに生命を絶たれていた。

蘆溝橋事件は、中国共産党が中国全土を共産主義国家にするために、共産ソ連の応援を得て始められたものである。日本軍と蔣介石軍に発砲して、双方を戦わせ、どちらも弱りきったところで、中共軍が攻勢に出て、そこで共産主義革命を成立させる遠大な陰謀のもとに行なわれたものなのである。いわゆる、中国共産党が「漁夫の利」を得るということである。

この小さな蘆溝橋事件に、待ってましたとばかりに目を付けた近衛文麿とそのブレーンたちは、巧みにこの事件を利用し、事件を事変に、事変を戦争に拡大することに成功した。これはまさに、レーニンの教科書どおりのことであって、コミンテルンと中国共産党と日本の共産主義者たちの有形・無形の連携プレーの成果である。

そして、それはやはり、ただただソ連の世界共産主義革命（コミンテルン）に奉仕するための革命工作であった。共産主義革命に心酔した日本の共産主義者たちは、まず中国革命に全力を挙げて、その次に日本の共産主義革命を狙っていたと考えられる。また、このことに異常なまでに情熱を燃やしたのは、ほかならぬ内閣総理大臣であった近衛文麿その人である。

第八章――事件を事変に事変を戦争に

昭和十二年七月十一日の午後九時から九時三十分、この間に近衛首相の耳に停戦協定成立の電報が入ったはずである。しかし、この事件をまたとないチャンスと考えた近衛は、報道界、政界、財界代表者九十六名にこのことは一切伝えず、「北支派兵声明、陸軍三個師団派兵」を断固行なった。政府方針、軍部方針でもあった現地解決の「不拡大方針」を何の躊躇いもなく、近衛首相は握り潰したのである。

また、当時の中国軍は百五十個師団、約二百万人、その他の各派、各系の武装勢力を合わせると約五百万人で、人数的には世界一の軍事大国だった。かたや日本軍はこの当時まで、大正時代から軍縮をやっており、特に陸軍は四個師団削減中であった。その兵力は全部で十七個師団、約二十八万人である。

この兵力で内地と朝鮮、満洲、台湾、南樺太、千島を防衛しているのだから、とても大戦争を始める態勢ではなかった。また、参謀本部にもこのような戦争計画はまったくなく、何よりも帝国議会で戦争予算を審議し可決した事実が全然ない。次に「諸君」（二〇〇六年六月号、三一、三二ページ。櫻井よしこ）より引用する。

――一九二七年（昭和二年）、田中義一首相の田中上奏文なるものが、東京裁判（昭和二十一年）で出てきたことがあった。その内容は、「日本が共同謀議により、支那を征服せんと欲せば、まず満蒙を征せざるべからず。世界を征服せんと欲せば、必ず先ず支那を征服せざるべからず」という世界征服を目指すとして昭和天皇に上奏されたと言われていた「田中上奏文」が、KGBの前身であるOGPU（国家合同警察本部）による偽造文書だったことが判明している、という。

また、『マオ』という本から引用すると、『マオ』には歴史、とりわけ日本の近現代史の常識を引っくり返しかねない新事実が二つある。一つは昭和三年に起きた張作霖爆殺事件。この事件は日本軍による謀殺だと言われてきたが、『マオ』ではソ連が日本軍の犯行に見せかけて行なった謀略事件だと記されている。

『張作霖爆殺は一般的には日本軍が実行したとされているが、ソ連情報機関の資料から最近明らかになったところによると、実際にはスターリンの命令にもとづいてナウム・エイティンゴン（後にトロッキー暗殺に関与した人物）が計画し、日本軍の仕業に見せかけたものだという』（「日中戦争に火を付けたのは中国共産党」）

次に『マオ』で示される、もう一つの新事実は、中国大陸の戦線拡大のきっかけとなった第二次上海事変（一九三七年＝昭和十二年八月）の背景に、共産党の中国人スパイの暗躍があるとの指摘である。『マオ』では、次のように書かれている。

『事態の急迫を受けて、スターリンは国民党軍の中枢で長期に亘って冬眠させておいた共産党スパイを目覚めさせ、上海で全面戦争を起こして日本を広大な中国の中心部に引き摺り込む――即《すなわ》ちソ連から遠ざける――手を打ったものと思われる』

『「冬眠」から目覚めたスパイは張治中という名の将軍で、京滬警備（南京上海防衛隊）司令官だった。（中略）張治中は回想録の中で、「一九二五年夏、私は共産党に心から共鳴し……『紅色教官』『紅色団長』と呼ばれていた……私は中国共産党に入党したいと考え、周恩来氏に申し出た」と書いている。

周恩来は張治中に対し、国民党の中に留まって「ひそかに」中国共産党と合作してほしいと要請した。こうして、一九三〇年代半ば頃には張治中は、ソ連大使館と密接な連絡を取りあうようになっていた』

実際、第二次上海事変が起きた時、日中両軍の間でどんなことが起きたか。

『日本側は事件を穏便に処理したいという意向を示したが、張治中は攻撃許可を求めて蔣介石を攻めたてた』

これは日本を全面戦争に引き込むためであり、張治中は策を弄して、蔣介石に攻撃命令を出させることに成功する。

一日戦闘を行なったところで、蔣介石が攻撃中止を命じたにもかかわらず、張治中は攻撃を拡大する。挑発にまんまと乗せられた日本側が、大規模な増援部隊を投入したために、全面戦争に突入したと『マオ』は書いている。

当時（一九三七年＝昭和十二年）の北京には、北清事変（一九〇〇年＝明治三十三年）で獲得した駐兵権と演習権が日本にもあったので、居留民保護のために一個旅団（約七千名の軍隊）の日本軍が駐屯していた。

蘆溝橋事件当時、上海方面にいた蔣介石軍四個師団が北京に向かったという未確認の情報があった。この情報を耳にした近衛首相は、直ちに「内地三個師団」を派兵することを閣議決定した。報道陣には停戦協定成立の事実を伝えず、あえてこのニュースを全世界に流させてしまった。

その後、政府は「内地三個師団」派兵は見合わせるとしたが、今度は中国側が停戦協定を破り、七月十三日の午前十時、北平「大紅門」通過中の我が修理部隊が中国兵に襲撃され、兵四名が戦死した。しかし、現場はまだ中隊規模の小さな軍事衝突事件なのに、陸軍三個師団派兵（約七万人〜八万人）とは、近衛文麿が戦争拡大を考えていたのは、明らかなことであろう。

北平（北京）に駐屯していた一個旅団の日本軍でも、北上してくる蔣介石軍と十分に戦える。それにもかかわらず、近衛首相が決定した陸軍三個師団派兵は、大きすぎるのではないか。一個師団程度の派兵で十分であった。

そうして歴史の真実は、この蔣介石軍四個師団は結局のところ北上しなかった。一体、どこの誰が流した情報なのか、今もって確認されていない。近衛首相としては、誤報でも何でもよかったので、とにかく日本軍を大陸に送り込み、戦線を拡大し、泥沼化させたかったのである。

また中共軍としては、蔣介石軍を破滅させるには五十万から百万の大軍が必要であった。当時の世界の主要国の中で、中国に素早く百万の大軍を送り込める国は、日本以外になかったのである。だから、中国共産党は日本軍に的をしぼって巧妙に日本軍を挑発し、大陸の奥地へ奥地へと引き摺り込んだのである。

この当時の日本軍は、大体陸軍一個大隊（約六百名）で中国軍一個師団（約一万五千名）とほぼ互角に戦っていた。もし仮に、日本軍側が二個大隊いた場合、中国軍一個師団を潰走させることが出来たそうである。

昭和十二年七月七日、近衛首相は一千万円（現在の貨幣価値では何百億円）の予備費支出を閣議決定させた。

一方の中国軍側は、七月二十五日、廊坊事件（電信修理に派遣された我が電信隊一個中隊が中国軍に包囲・攻撃された）を起こした。また七月二十六日には、中国軍側は北平・広安門事件（広安門を通過中の天津駐屯第二大隊が城壁上より中国軍から乱射を浴びた）を引き起こした。

一方の近衛文麿はこの事件をもって、早々と呼称を蘆溝橋事件から北支事変に変更させたのである。このように、事件を事変に拡大させたのは、コミンテルンと中国共産党と近衛内閣の絶妙な有形・無形の連携プレーであった。ちなみに、ここに挙げている内地三個師団とは、第五師団（広島）、第六師団（熊本）第十師団（岡山）のことである。

第九章——通州事件

昭和十二年七月二十九日、北京の東方にあった通州で、中国人の保安部隊による大規模な日本人虐殺事件が起こった。殺されたのは、日本人居留民の約二百六十名であった。

この通州事件については、戦後ほとんど語られなくなった。この事件のことを言うと、「中国は善玉、日本は悪玉」という構造が崩壊してしまうからである。岩波書店の『近代日本総合年表』には、一行も通州事件のことは書かれていない。他の小さな些細な問題はしっかりと載せているのに、通州事件は意図的に削除されているという事実がある。そこで、通州事件の目撃者談から引用してみる。

「守備隊の東門を出ると、数間ごとに居留民男女の死体が横たわっていた。某飲食店では、一家ことごとく首と両手を切断され、婦人は十四、五歳以上は全部強姦されていた。旭軒という飲食店に入ると、七、八名の女が全部裸にされ、強姦、射刺殺され、陰部にほうきを押し込んである者、口中に砂を入れてある者、腹部に縦に断ち割ってある者など、見るに堪えなかった。

東門の近くの池では、首を電線で縛り、両手を合わせて、それに八番線を通し、一家六名数珠繋《つな》ぎにして引き回した形跡歴然たる死体が浮かんでおり、池の水は真っ赤になっていた。夜半まで生存者の収容に当たり、『日本人はいないか』と叫んで各戸ごとに調査すると、鼻に牛の如く針金を通された子供、片腕を切られた老婆、腹部を銃剣で刺された妊婦などが、そこここの塵箱の中やら堀の陰から出てきた」

この通州事件は、計画的に組織的に行われた野蛮な事件であった。しかし、戦後の日本の学校教育では、まったく教えられてこなかったのである。やはり共産主義者、社会主義者にとって都合の悪いことは、故意に隠すものなのである。

それだけではなく、日本軍は一方的に中国を侵略した悪い国だと、じつに六十三年以上にわたって、日本の子供たちに教え込んだのである。またこの、戦後教育に洗脳された（じつは著者もそうだったが）、今の日本の若い人たちは、部下や自国民を見捨てて逃げる中国軍のことが理解できないようである。

中国の軍隊とは、日本軍のように国民国家の軍隊ではないのである。支那事変当時の中国軍は、農民出身者、匪賊、馬賊、難民出身者で、日本軍とは根本的に違った軍隊であった。まず国家意識も低い、そして、何より国民から期待された軍隊ではなかった。

その点、日本軍は国家意識が高く、郷土意識も高い。国民から圧倒的に期待された軍隊で、恥となることを特に嫌った。日本軍は世界一高い「道徳心」と「倫理観」を待った軍隊で、最高に軍規厳正な軍隊であった。

ともあれ、中国では古代から戦争になると必ずやることがある。それは、略奪、強姦、放火、虐殺である。戦場では略奪は付きもので、その略奪品は彼らの家族が待っている郷里に持って帰るのである。したがって、戦場では戦死してはならないので、形勢が不利になると逃げ出すのである。だから中国軍は弱い軍隊なのである。

一方の日本軍は、生きて故国に帰れるかどうか分らないので、基本的に食料以外の略奪はしない。仮りに金品の略奪をしても、生きて故国に帰れるかどうか解らない兵隊にとっては、何の意味もないのである。

ちなみに、著者の亡父は支那派遣軍（＝日本軍）の工兵隊の一小隊長であった。その亡父が言っていた話を、ここで少し挙げさせてもらう……。

支那大陸で奥地へと侵攻していった時、支那の地方都市で日本軍は、大体民衆から歓迎されていた。それと言うのも、日本軍がやってくると治安がよくなり、経済活動も活発になり、避難していた民衆が続々と戻ってくるからだ。日本軍が軍規厳正で約束をよく守り、金払いもよかったからだ。支那の民衆にとっては、自国の中国軍より日本軍の治安の方を信用したからである。

そして、支那の地方都市に入っていった場合、民衆から「日の丸の旗」で、迎えられたことがあったという話であった。だから百万を超える日本軍が、八年間も支那大陸に駐留できたのだという説もある。

また南京攻略戦の後、南京城には中国四千年来の宝物があったが、攻略戦で中国軍自体が荒らしまくり、まことにひどい状態であったそうである。それを日本陸軍が丁寧に整理して、以後八年間、厳重に保管管理していた。終戦後、日本陸軍はこの宝物を木箱二千二百箱に入れて無事、蔣介石に渡したのである。この宝物が現在台北にある「故宮博物院」の国宝級の宝物である。

昭和十五年頃、米国の考古学者ラグウド・ウォーナー博士は、北京や南京にある中国古来からの宝物のことが気になって中国に行ったことがある。北京にくるまでは黄色人種の日本軍のことであるから、おそらく北京や南京の宝物は滅茶苦茶になっているだろうと博士は考えていた。ところが、北京や南京にいる日本軍を見て、ウォーナー博士はビックリするのである。

「自分は今まで世界のどこに行っても、こんなに軍規厳正で礼儀正しい軍隊は見たことがない」。世界のどこにもない軍隊だと絶賛するのである。「自分は、今まで日本という国は野蛮な国だとずっと誤解していた」。そして、博士は日本という国は相当文化水準の高い国だと気づくのである。

ウォーナー博士は、急に日本という国が見たくなって、上海から日本へ向かった。京都や奈良、伊勢神宮を見て、日本文化の本質を理解して米国へ帰って行ったのである。

じつはこの体験があったことで後の日米戦争中、ウォーナー博士は日本への本土空襲に反対したのである。戦争中、全米で日本本土空襲に反対するということは、すでに戦死した兵の家族から大変な非難を受けることでもあった。当時の米国でイエロー・モンキーのジャップに肩を持つということは大変勇気のいることであったのだ。

しかし、ウォーナー博士は、軍に取り入って京都、奈良などの空襲を中止に追い込ませたのであった（筑波大学の中川八洋教授『大東亜戦争と開戦責任』より引用）。

昭和十二年七月二十六日、予算案決定。じつはそれは九千七百余万円であって、近衛首相は強引に予算を決定し、陸軍三個師団を内地より七月二十九日に出発させた。

七月三十一日、近衛首相はさらに追加予算として、四億円の軍事予算（今の貨幣価値で計算すると、およそ一兆円である）を決定した。このように予算を余分にたっぷり付けたのは、ためらう軍部が予算の不足を理由に、不拡大を決定する可能性をなくそうとしたからであった。

支那事変のこれほど巨額の予算は、軍が強要したり要求した痕跡はまったくない。軍が独走し、軍によって政府がそれに抵抗しながら、ついに圧力に屈し、その予算を付けたり増税した事実はまったくない。

あくまでも政府（近衛内閣）こそが軍より先に走って予算をふんだんに付け、積極的に増税し、国運をかけたあの日露戦争なみに格上げし、ためらう軍の尻をたたいて、あれよあれよというまにその戦火拡大に誘導したのである。

第十章――支那事変〔I〕

以下は中川八洋教授の『大東亜戦争と開戦責任』からの引用である。

当時の日本の一般国民の圧倒的多数は、この支那事変（日中戦争）の報道に興奮しつつも、心の奥底では懐疑的であり否定的であった。なぜなら、この支那事変（日中戦争）は、領土が増えるわけでもなく、賠償金が入るわけでもなく、ただ、むやみに青年の命と国民への経済的重圧だけがその見返りであったからだ。国民の圧倒的多数の意志に反しての強引な日中戦争の遂行という、この事実も戦後、日中戦争の目的を隠さねばならない理由の一つであろう。

このように、日本中が暗く貧しくなり、経済的にも破綻《はたん》寸前にまでなった。それは、昭和十六年十二月八日のパール・ハーバーに始まる超大国の米英を相手の戦争によるのではなく、貧弱な兵器や未熟な軍隊の軍事「後進国」にすぎない中国を対手《あいて》とする戦争によってである。日中戦争の不可解さは、じつはここにある。これこそはまた、表面上は「無目的」にみえる日中戦争にかけた近衛文麿らの「秘められた戦争目的」をあぶり出す鍵《かぎ》でもある。戦争という国家の軍事行動は、表面上いかに「目的不在」に見えようとも、「目的なしの戦争」など、古今東西の人類の歴史において決してありえない。表面上解らないのであれば、それは解らないように戦争目的が巧妙に隠蔽《いんぺい》されたからである。

昭和十二年八月九日、上海で大山勇夫海軍中尉と運転手斉藤要蔵一等水兵が上海市内を巡視中、中国軍保安部隊に惨殺された。この事件が切っ掛けで、近衛内閣は八月十三日、閣議で素早く陸軍二個師団（第三師団名古屋と第十一師団四国善通寺）派兵を決定する。

まだ小さな惨殺事件にすぎないのに、近衛首相のこの決定は異常なものであった。確かにいつも中国側の挑発で始まる戦争なのだが、近衛内閣の対応は素早く派遣部隊が強大である。そしていつも軍事予算を先に付けていく特徴が見られる。

近衛内閣の過激な声明文は、以下のごとく続く。昭和十二年八月十五日、「今や断固たる措置をとる」、八月十七日「不拡大方針を放棄する」、九月二日、早くもこの戦争の呼称を「北支事変」から、これを「支那事変」とする。

昭和十二年八月九日の大山海軍中尉惨殺事件から、第二次上海事変が始まったのである。領事館や居留民を護《まも》るため、日本としては海軍陸戦隊四千名をこれに充《あ》てた。しかし、陸戦隊の兵力では支えきれなくなったので、陸軍二個師団を派遣した。

日本軍二個師団派兵を聞いた蔣介石は、今度は中国軍七十三個師団四十万人を集結させてきた。しかも、中国軍は自国民がいるホテルや繁華街を爆撃したのである。多数の中国人の死者が出たが、それを中国側は国際社会に向かって日本軍がやったと大々的に宣伝した。

この第二次上海事変で蔣介石が狙ったのは、「日本が中国を蹂躙《じゅうりん》している」というイメージをつくり出し、国際世論の同情を集めようということであった。

この後、蔣介石は自分の妻（宋美齢）を広報宣伝のため、米国に派遣する。全米各地で講演会を行なった。日本軍の悪口を、女の涙を流しながらの話で喋《しゃべ》りまくった。それを聴いたアメリカ人は大いに同情し、中国国民政府への支援を絶大なものとした。

しかし、ここに奇妙な話がある。それは、南京での日本軍によるとされる、一般市民三十万人という大虐殺事件のことだ。じつはこの話を宋美齢は、一言もアメリカ人に言っていないのである。なぜ宋美齢は言わなかったのであろうか。

当時の世界の主要国の間では、すでに人権問題はかなりうるさくなっている。南京で三十万人もの大虐殺が本当にあったのなら、中国にとって、これほど有効な外交カードはないはずである。でも宋美齢は、一言も南京大虐殺があったなどとは言っていない。これは、そもそも南京大虐殺など、初めからなかったということを逆に証明した話ではないか。

南京攻略戦争当時、もう一つ不思議な話がある。「百人斬り競争」という話である。向井、野田両少尉が戦闘中、中国の一般人を軍刀で斬り殺すという話である。どちらが多く中国人を軍刀で斬殺するかの競争を行ない、百五人対百六人になった話で、非常に「マンガ」じみたことであきれかえる。

この話は当時の「東京日日新聞」（＝現在の毎日新聞）に連載された。戦意高揚のため、浅海一男（＝共産党シンパ）という記者が書いたものである。これらの話を、今の小中学校で事実であったかのように、子供たちに教える学校教師がいるのにはまったく呆れ返る。

野田少尉は当時、大隊副官であり、いわば大隊長の秘書のような人だから、戦闘中に大隊長を置き去りにして、中国人を斬り殺す競争に参加できる道理がない。またもう一人の向井少尉は歩兵砲の小隊長であり、戦闘中に歩兵砲の将校が大砲や部下を置き去りにして、中国人を斬り殺す競争に参加できる道理がない。

軍隊とは、直属の上官からの命令があって、初めて軍事行動が出来る組織体なのである。(ちなみに、フィリピンのルバング島から帰還された小野田元少尉は、救出にきた鈴木青年に対し、直属の上官の命令がない限り、自分はジャングルから出ることは出来ないと、言っていた)。

まことしやかに、日本の子供たちに嘘を教えている日本の教師たち、少しは軍隊組織とはどういうものであったか勉強されたら如何《いかが》なものか。「百人斬り競争」という話が、いかに虚構の話であるか一目瞭然なのである。

昭和十二年八月十三日、第二次上海事変が勃発した。この戦争を仕掛けたのは中国側であって、日本は受身の戦争だった。

蔣介石が止めるのも振り切って行なったのは、張治中軍司令官(=コミンテルンのスパイ、中国共産党党員、蔣介石の部下)であった。彼は、コミンテルンから指令を受けていて、約五万人の兵力で日本側に攻撃を掛けた。これに対して応戦したのは、日本の海軍陸戦隊四千名であった。

第十一章——尾崎秀実《ほつみ》

東京帝国大学卒業後、朝日新聞社に入社。一九三二年（昭和七年）、ソ連の大物スパイ、尾崎は、中国、満洲でその活動を始めたのが最初である。その後昭和八年、同じくソ連の大物スパイ、ゾルゲと親交を深めていき、近衛内閣誕生後、この内閣参与となる。近衛文麿の参謀長的存在で親ソ系のマルキスト。ゾルゲ事件で逮捕処刑（昭和十九年十一月七日）された（中川八洋教授の『大東亜戦争と開戦責任』から引用）。

尾崎秀実の策謀とは、第一は中国の共産化、第二は日本の共産化、日本の社会主義への基盤整備、第三は日本の軍事力を対中国の戦争で浪費させることによって、ソ連への侵攻能力をゼロにすることであった。また「改造」という月刊雑誌の二文字は、治安維持法を逃れるための「共産革命」の当時の代用語であった。

そして尾崎は、日中戦争の進路が中国の共産化だと確信し、また鋭く予見する。レーニンの敗戦革命論を共有し、熱烈に共産主義を信奉する尾崎秀実。「戦争に敗れあるいは疲弊《ひへい》した側から始めて多くの社会主義国家を生む」（昭和十七年二月十四日訊問より）。これはマルクス・レーニン主義そのものである。

次に尾崎秀実の煽動アジテーション、プロパガンダ（政治的嘘宣伝）を挙げてみたい。国民政権（蔣介石政権）を貶《おとし》めるためのものである。

「国民政府は半植民地的・半封建的支那の支配層、国民ブルジョア政権」「国民政府は官僚階級、地主階級、および新興資本階級、軍閥の代表者によって構成されている」「国民政府は労働者農民の政党的勢力を根絶すべくあらゆる精根を傾け尽くした」「国民政府は党を以って収める建前をとっている。しかしながら国民党は事実かくの如き寡頭的、地縁的支配の性質を呈している」「南京政府の支配は一種の軍閥政治と見ることが出来る」

上記の煽動は蘆溝橋事件から一ヵ月しかたっていない八月十日に脱稿し、「中央公論」九月号に掲載された。

この「南京政府論」「国民政府を対手《あいて》とせず」声明により、昭和十三年一月十六日、不思議とは思わない日本国内のムードを先行的に形成していったのである。この「国民政府を対手とせず」で、中国にたった一つしか存在しない講和の道を自ら閉ざし、中国と永遠に戦争をするしかない事態に陥らせたのである。

近衛文麿と尾崎秀実とは、日中戦争を創り、拡大し、長期化することに使命感を燃やす同志であり、シャム双生児であった。尾崎秀実の「日中戦争を拡大せよ！」「戦闘を長期化せよ！」」との絶叫と煽動は、「改造」誌上でもゲッペルスのごとくに激しく執拗である。

「局地的解決も不拡大方針もまったく意味をなさない」「毒（武力のこと）をもって制する方法しかない」「日本の伸張せんとする力を阻止せんとするものに対しては、日本の本能は或る場合は破壊力となって爆破する」「一局部（＝蘆溝橋）の衝突も全局（＝全中国）に拡大しなくてはならない必然性を有している」

「新しい幾本かの墓標が立ち、幾人かの若き友人たちは大陸から永久に帰ってはこない。だが戦いに感傷は禁物である」「日本国民が与えられている唯一の道は戦いに勝つと言うことだけ。その他に絶対に行く道がないということは間違いのないこと」

「日本が支那と始めたこの民族戦の結末を着けるためには、軍事的能力をあくまで発揮して敵の指導部の中枢を殲滅《せんめつ》する以外にない」「一部に弱気らしい見解（＝講和論のことか）が生まれつつある。この程度の弱気（＝講和の主張）もまた、有害にして無意味なものとして斥《しりぞ》けたい」「唯一の道は支那に勝つという以外には、無い袖をふることとなき全精力的な支那との闘争、これ以外に血路は断じてない」（「改造」昭和十三年五月号より。「中央公論」昭和十三年六月号より）

〔尾崎秀実の方策〕
(1) 日本を社会主義化すること。間接的にこの戦時体制から社会主義体制へ。
(2) 日本の対ソ連能力の減滅。「われわれグループの目的任務は、狭義には世界共産主義革命遂行上もっとも重要にしてその支柱たるソ連を、日本帝国主義より防衛するため」と、尾崎は検事尋問調書で明快に答えている。
昭和十七年三月八日、第二十二回検事尋問調書。なお、この当時尋問を受けたのは、松本重治、西園寺公一、犬養武、風見章、笠信太郎であった。

昭和十六年当時の尾崎秀実は、東京赤坂の料亭などで結構派手な飲み方をしていた。自分は当代随一の中国専門家、評論家であり、「朝日新聞」「中央公論」「改造」に論陣を張ったと自ら自負し、また評論については、表現の裏に秘められた真の狙いまで喋りまくり、煽動宣伝の手の中までさらけ出したのである。

昭和十六年七月二日の御前会議での最高機密「日本はドイツに参戦しない。日本はソ連国境を越えてシベリアに侵攻しない」――この暗号電報を、ゾルゲを通じてソ連に通報した。全東アジアの共産主義革命を夢見ていた尾崎秀実は、さぞかし感無量な気持ちでいたに違いない。

「ヒットラーのようなオープンカーに乗ってモスクワの街の凱旋門で全市民から歓呼の声で迎えられている夢を見て自分を英雄視していたであろう」

また昭和十六年当時、尾崎秀実（＝ソ連の大物スパイ）は、第二次近衛内閣の閣議などで、日本を米英と激突することになる大戦争（＝南進論、南方には重要資源がある）を、大声を張り上げて打ち挙げたことがあった。

尾崎やゾルゲにとっての「祖国はソ連」であり、尾崎はよくソ連のことを「マイ・ホーム」と呼んでいた。昭和十六年十月十五日、尾崎は治安維持法違反により特高警察に逮捕された。予審判事訊問を五十六回受け、昭和十九年十一月七日、レーニンのロシア革命記念日に巣鴨の東京拘置所で絞首刑となった。ちなみに、この当時の朝日新聞は、大東亜戦争（八年戦争）を煽りに煽って、発行部数を倍に伸ばした実績がある。

第十二章——支那事変〔II〕

上智大学名誉教授、渡部昇一は、最近、以下のような話をしている。

——昭和十二年十二月、南京攻略戦が終了した頃、参謀本部次長であった多田駿《はやお》中将は近衛首相に対し、敵の首都南京を落としたのであるから、このあたりで日本軍は停戦し、蔣介石と講和を結んでは如何であるかと提言したことがあった。

それに対し近衛首相は、日清戦争や日露戦争でも日本は戦争中に停戦したことがなかった。戦争中に停戦すれば内閣が瓦解するといい、戦争はあくまでも継続すると言い放った。多田中将の提言をはねつけ、そして逆に参謀本部を近衛内閣に折れさせたのである。当時の参謀総長は閑院宮殿下であったので、実務は次長の多田駿中将が取り仕切っていた。

昭和十二年九月二日、近衛文麿は、この日をもって北支事変から支那事変に呼称の変更を行なう。そして早くも十一月二十日には、大本営設置に成功し、この支那事変（日中戦争）を、日露戦争なみに持ち挙げたのである。

小さな小さな蘆溝橋の事件（戦死傷者ゼロ）にうまく絡み込むことに成功した近衛文麿。

彼は四日後の停戦協定を潰し、軍部の不拡大方針を破棄させ、軍部よりも先に先に予算を付けてゆき、中国側の挑発事件（通州事件）などをいいことに、国内世論を絶妙に戦争へ戦争へと導いていったのである。

元々この戦争に初めから懐疑的で反対であった高級軍人は何人もいた。たとえば、多田駿中将、梅津美治郎中将、石原莞爾少将（参謀本部作戦部長）で、いわゆる、北進派である。戦争反対や不拡大派は軍部の多数派をしめていたのだ。中には武藤章大佐（参謀本部作戦課長）のように積極派軍人もいた。田中新一大佐とともに事変拡大のため密かに策動したといわれている。

意味のない支那事変（じつは日本敗亡への道、全東アジア共産化への道）などに軍事予算を取られているより、その分を日本陸軍の近代化と対ソ連戦に備えるべきだ、とそのように主張していた石原莞爾少将を関東軍参謀副長に左遷し、昭和十二年九月末、軍中央から石原莞爾少将を失脚させた。

このように近衛首相は、日中戦争不拡大派を追放するのに、あらゆる知謀と策をめぐらせたのである。

〔石原莞爾中将のエピソード〕

日露戦争からちょうど十年（一九一五年＝大正四年）たった頃、陸軍大学校の卒業旅行（日露戦役跡の視察旅行）があった。教官たちと一行五十名の学生は、約一ヵ月かけて満洲各地の日露戦役跡を視察し、軍事論争を交えて帰国の途についた。この旅行が陸大の卒論のテーマとなったので、みんな競争しあって膨大な論文を書いたそうである。

しかし、石原莞爾の論文は「特に所感なし」、たったこれだけであった。これは、彼特有の皮肉を込めた文章であって、当時すでに第一次世界大戦が勃発しており、戦争方式や兵器は日進月歩で、目まぐるしい進歩をしていた時代であった。戦場には早くも飛行機や戦車が登場してきて、近代戦のスタートの時代でもあった。

そんな時代、すでに十年前の戦役跡を訪ねる視察旅行をし、また時代遅れの軍事論争に飽き飽きしていたのであった。彼にとっては軍の近代化を早急に図ることが一番であった。それが、一番言いたかったことで、だから彼はこのような皮肉を込めた行動に出たのである。

また、日本陸軍の近代化の遅れは、石原莞爾が言っていたように、すでにこの時代から始まっていたといえるのではないか。ちなみに、彼の行なった日本陸軍近代化政策とは、以下のようなことであった。

歩兵一個分隊（十五名）に軽機関銃一丁を持たすこと、歩兵大隊に大隊砲を付けることなどであった。これらが、彼が行なえることが出来た唯一の日本陸軍近代化政策の限界であった。陸軍大学校首席であった石原莞爾は、「特に所感なし」の論文以来、次席に降下される。陸大の卒業式では、首席のものが天皇陛下の前で卒論を読み上げることが慣例になっていた。しかし、石原莞爾では、また陛下の前で何を読み上げるのか解らないし、また粗相があってはいけないので、校長たちが石原を次席にしたと言われている。以下は「日本陸軍将官事典」よりの引用である。

関東軍参謀（中佐）。時に独特の世界最終戦構想（「東洋の王者たる日本と西洋の覇者たる米国が、世界の覇権へゲモニーを争ってこの世での最後の戦いをする」というもの）に基づき、その経済・工業の基盤をつくるために（加えて日露戦争後、長城を越えて中国人が大量に満洲に流入し、満洲人を圧迫、排日的雰囲気が醸成されてもいた）全満洲を占領せんとして柳条湖事件（満洲事変）を惹起し、高級参謀・板垣征四郎大佐とともに新任の軍司令官・本庄繁中将を動かして吉林まで派兵した。

当時、満洲には第二師団（一万五百名）に対し張学良軍は二十五万名といわれ、若干の増派部隊と朝鮮軍一部の独断越境があったものの五ヵ月で全満洲を席巻し、清国最後の皇帝・溥儀を執政とした満洲国を樹立した。

その後、歩兵第四聯隊長（第二師団、歩兵第三旅団）を経て、参謀本部作戦課長に転補（着任の日に軍務局長・永田鉄山少将が相沢中佐に斬殺された）、二・二六事件では戒厳令司令部参謀として奉勅命令に従い断固、叛乱軍の討伐を主張し、腰の据わらぬ軍首脳に決心させるなど混乱を防いだ。ついで作戦部長となったが、出先軍の起こした蘆溝橋事件を止められず、関東軍参謀副長に転出した。ここで参謀長の東条英機と衝突、声を大にして批判し続けたため、第十六師団長を最後に、東条陸軍大臣により予備役に編入された（陸士二十一期・陸大三十期）。

予備役に編入された後の石原莞爾は、故郷山形県庄内に帰り、日蓮宗などの勉強に没頭する毎日であった。そんなある日（昭和十七年二月）、緒戦の日本の勝利に、国中が戦勝気分で沸き返っている時、石原は新聞を見て痛烈に憤慨するのであった。

それは、海軍によるラバウル進出であった。これは、開戦前の陸海軍による合同会議（昭和十六年十一月）が開かれた時の決議違反であったからだ。この会議での決議事項は、日本軍の攻勢終末点が内南洋のトラック島あたりであったのだ。したがって、山本五十六が行なったハワイ真珠湾攻撃も攻勢終末点違反なのである。日米戦争が海軍主導であり、海軍が陸軍を引っぱっていった戦争であると言われる所以《ゆえん》はまさにここにある。

後にラバウルから、さらに一千キロ離れたガダルカナルやニューギニアが戦場になり、補給力の弱い日本軍はたちまち窮地にたたされ、無惨にも惨敗していったではないか。結局、ソロモン諸島で戦ったことが、日本の命取りになったのである。

なぜ、このような結果になったかと言えば、論理性に欠ける日本軍は、時の勢いムードあるいは、そういう空気に支配され、感情的になったことではないか。開戦前の陸海軍の決議事項、攻勢終末点を論理的にしっかりと守るべきであったのだ。連合艦隊司令長官・山本五十六自身自らが、攻勢終末点を破ったところに日本軍の敗因がある。

翻《ひるがえ》って、石原莞爾の持論は、（カロリン諸島）内南洋のトラック島を中心にして米国と戦えということであった。（カロリン諸島）内南洋の島々、三十島ぐらいに基地航空隊の飛行基地を建設し、三千機ぐらいの飛行機を伏せておく。すると、これらの島々は不沈空母と同じことになる。それと、空母機動部隊と潜水艦部隊との連携プレーで、米国艦隊を撃滅することであった。

なるほど、さすがに不敗の将軍の発想である。（カロリン諸島）内南洋に日本海軍の大兵力を集結させておけば、日本は間違っても米国に敗けることはなかった。また、米国に敗けるような海軍ではなかったはずである。米国に勝ち越し、米本土まで侵攻することは、日本の軍事力からいって無理なことであった。

しかし、(カロリン諸島)内南洋に大兵力を集結させ、米国と戦うことは十分に可能なことであったのではないか。内南洋とラバウル(ソロモン諸島)では補給がまったく違ってくる、この二千キロの差は大きい。内南洋であれば、最悪の場合、漁船でも補給が出来たのである。真珠湾攻撃、ミッドウェー海戦やソロモン諸島での戦いは不必要な戦争であった。

たとえば、ソロモン諸島ではこの消耗(海軍機七千機、陸軍機二千機を喪失したのであった)が決定的となり、日本軍は敗退していったのである。これは、かなり難しいことであるが、開戦時の首相が東条英機ではなくて、石原莞爾であれば日本は米国に敗けるようなことはなかったのではないか。

昭和十二年の秋頃から、日本は大軍拡に乗り出した。まず陸軍は蘆溝橋事件から始まった日中両軍による泥仕合に決着がつけられず、結局、支那事変は長期戦となっていくのである。泥仕合にうまく絡み込んだ近衛内閣は、講和を許さず、むしろ軍部の尻を叩いて先に先に積極的に予算を付けていった。そして、大正時代から軍縮で削減中の陸軍四個師団を復活させ、以後、毎年十個師団以上の新設師団の増強を行なっていった。

また、支那事変とはあまり関係がなかった日本海軍も、最新鋭戦艦「大和」「武蔵」、最新鋭空母「翔鶴」「瑞鶴」「飛龍」「蒼龍」の建造へと邁進《まいしん》していった。

このように陸海軍の軍備は、国民の知らないうちに、あれよあれよのうちに大規模戦争(米英との戦争)に対応できるように配備されていった。特に日本海軍の増強は、対ソ連用でもなければ、対中国用でもない。

第二次上海事変に一応、勝利した日本軍は、軍事予算が蘆溝橋事件の時の約百倍にもなったので、昭和十二年十一月、陸軍九個師団をもって、新たに中支派遣軍を設立し、「南京攻略作戦」をたてる。

「南京」は中華民国の首都であったので、主要国の外交官、マスコミ、商社マン、芸能人ら、みな南京市にいた。南京攻略戦とは、そんな中で行なわれた戦いであり、たった二日間の戦闘であった。ここでの南京事件のことは、疑問点だけを挙げておきたい。

第一点　南京攻略戦は昭和十二年十二月十日から始まった。日本軍はなかなか慎重な攻撃ぶりであった。というのも、この戦争は世界中が注目していることで、少しでも日本軍に落度があったら、そのニュースは世界中を駆け巡るからである。松井軍司令官は、大変神経を使い、事細かく全軍に通達を出したのである。

「日本軍が中国の首都を攻略するのは有史以来始めてのことである。よって後世の模範となるような行動をとるべし」「中山陵には孫文先生の墓があるので一切立ち入るな」ということで日本軍は軍規厳正を貫いたのである。

十二月十四日、南京城で日本軍の入城式が行なわれた。そして夕方、松井軍司令官は、各国記者団と和やかな雰囲気のもと、笑顔で記者会見をしている。このニュース映画を、著者は二十五年くらい前に見た記憶がある。

そして蔣介石も鄧生智軍司令官も、死守すると言っておきながら、蔣介石は五日前に、鄧生智軍司令官は前の晩に、南京城から部下を見捨てて逃げ出したのである。城内にいた七万人の軍隊は、大混乱となり、収拾がつかなくなったのである。再三にわたる日本軍からの勧告も無視した中国軍は、支離滅裂状態となって逃げまどった。

もともと南京攻略戦は、南京という都市の中にある城内に立てこもって戦った蔣介石軍に責任がある。この戦い方は古代か中世である。近代戦による戦い方は、このような都市を避け、オープンシティにするのである。たとえば、第一次世界大戦、第二次世界大戦におけるパリの町では、両大戦とも「パリ」をオープンシティにしたのである。戦火からパリの町の文化財を守ったのである。

第二点 昭和十二年九月、日本海軍が行なった渡洋爆撃がある。日本の大村と台湾の新竹から南京市を空爆したが、一般市民への人的被害は、ほんの一、二名であった。しかし、蔣介石政府は、これをいちいち国際連盟に提訴していたのである。ところが、蔣介石は当時、南京における大虐殺事件といわれる事件は、一度も国際連盟に提訴はしていないのである。

第三点 昭和十三年五月の国民党大会においても、南京大虐殺は議題にもなっていない。六月の毛沢東の中国共産党大会でも、同じく議題にもなっていない。それから七月七日、重慶で行なわれた蔣介石の「蘆溝橋事件から一年」という記念大講演があったが、蔣介石は一言も南京大虐殺のことに触れていないという歴史的事実がある。

第四点 昭和十二年十二月十九日、日本の文化人、大宅壮一、西条八十、草野心平、木村毅、林芙美子、石川達三、杉山平助といった錚々《そうそう》たる作家や評論家が当時の南京に入っていったのである。

これらの人たちは、戦争中、戦後も、一度も「日本軍が南京で一般市民を大虐殺した」ことを書いていない。なぜだろうか。戦争中は書けないということは私もよく解る。しかし、戦後は幾らでも書けたのではないか。むしろ書いた方が戦後はもてはやされたのである。しかし、

第五点 死体埋葬問題に移る。当時の南京では、死体埋葬を行なっていた葬儀屋は紅卍会一軒だけである。紅卍会の死体埋葬数は、約四万三千人と言われている。しかし、じつはこの数字は紅卍会の水増し請求で、実数は一万四千人である。このうち虐殺にあたるのは何人かである。

国際法でこの話をつめていくと、南京で虐殺された人は数十人だという説が最近出てきている。後の死亡した人は捕虜ではなかった、単なる投降兵、敗残兵であった。特に、便衣兵（ゲリラ兵）は、見付け次第殺しても、当時の国際法（ハーグ陸戦法規）でも合法であった。

もう一軒の南京にあった「崇善堂」という葬儀屋は、東京裁判で十一万九千人の死体埋葬を行なったと証言しているが、この当時「崇善堂」は営業を行なっていない。「崇善堂」が営業を再開したのは、昭和十三年の十月であるという記録がある。

そもそも南京大虐殺事件が東京裁判に登場してきた本当の理由は、日本の陸海軍にはあまりにも戦争犯罪がなかったからである。戦後のアメリカ軍は、ずいぶんと日本軍の戦争犯罪を探したようである。

日本軍はあれだけの大戦争を四年間もやったのであるから、きっと東アジアのどこかで大戦争犯罪をやっているはずだと憶測して探してみた。ところが、日本軍にはとるにたりない小さな戦争犯罪ばかりで、とても東京裁判に出せるようなものはなかった。

ドイツのニュールンベルグでの裁判は、ナチスによるユダヤ人大量大虐殺事件（ホロ・コ

ースト）があったので、非常に裁判がやりやすかったのである。そこで意気揚々として日本にやってきたアメリカは、日本もドイツと同じ戦争犯罪をやっているはずだと思っていた。しかし、東アジアでどんなに探しても、これといった戦争犯罪を見付けることが出来なかったので、急遽、中国に相談をもちかけた。すると、南京事件の問題があったので、これをでっち上げさせたのである。大体このあたりが南京大虐殺の真相であろう。

もう一つ考えられることは、広島、長崎における原爆投下での約三十万人の被害者数と南京における大虐殺数三十万人である。とてもじゃないが南京大虐殺三十万人という数字は、この広島、長崎の被害者数に合わせて出してきているようである。日本軍も南京でこんな非人道的なことをやっているではないかと言わんばかりだ。アメリカは自国がやった原爆投下という問題を、南京大虐殺という問題で相殺したかったのではないか。

アメリカと中国という国には、ある種の共通点があるのではないか。それは、両国が中世という大事な時代を通過しないで、直接古代から近現代にはいったということである。日本は鎌倉時代からゆっくりと封建社会を熟成させ、武士道精神を生み出した国だ。同じくヨーロッパ諸国も、王侯貴族社会からゆっくりと封建社会を熟成させ、ヨーロッパ騎士道精神を創り出した。

アメリカによるインディアン狩り、第二次世界大戦における戦争犯罪（原爆投下、無差別爆撃など）と、中国人による大量大虐殺や自国民に対する野蛮行為は共通点があるのではないか。それはやはりこれらの国が中世という時代に、ゆっくりと封建社会を熟成させてこなかったということだ。この両国は、こんな野蛮なことを今日の国際社会においても平気で抱き続けている国なのだ。

第十三章――「蔣介石を対手《あいて》とせず」

昭和十二年十二月十三日、日本軍は二日間の戦いであったが、南京攻略戦で圧勝した。その後、南京市内の治安は日に日に回復し、人口も増えていった。平和が回復してくると、戦争で避難していった市民が戻ってきたのである。南京市民は、自国の軍隊（＝蔣介石軍）よりは日本軍の治安を信用したのだ。それは、やはり日本軍は軍規厳正な軍隊で、お金の支払いや約束事をよく守ったからである。

ちなみにこんな話がある。南京攻略戦の後、南京城には中国四千年来の宝物があったが、城内にいた蔣介石軍によって荒らされ、ひどい状態であった。それを、日本陸軍が丁寧に整理し、以後八年間、厳重に保管管理していた。

終戦後、日本陸軍はこの宝物を木箱二千二百個に入れて無事に蔣介石に渡したのである。この宝物が、現在台北にある「故宮博物院」の国宝級の宝物である。八割がた南京城にあったものなのである。本文に戻る。

南京城内にあった避難区には、約十五万人の市民がいたが、みな無事であった。ただ武器、弾薬を持ち込み、軍服を脱いで、一般市民として逃げ込んだ蔣介石軍約二千名がいた。日本軍はこれらの蔣介石軍兵士を摘発して、直ちに全員を処断したのである。このことが、一般市民三十万人を大虐殺したと戦後とられて、東京裁判で裁かれたのである。

しかも、六十余年後の今日まで禍根を残している問題であり、大多数の日本人は本当に虐殺があったこととして信じ込んでいる状態である。しかし、これらの事件は当時の国際法（ハーグ陸戦法規）に照らしても正当なことで、何ら日本軍には違法性はなかった。

元特務機関に所属しておられた丸山氏（鹿児島）の証言によると、昭和十二年十二月三十日、避難区の食料も底をついてきた。このままでは、正月が越せないので、日本軍としては、なけなしの米一万俵を避難区の市民に放出したことがあったという。

ともあれ、敵の中華民国の首都南京を陥落させたのであるから、日本軍としては蔣介石と講和の交渉に入っても、何ら非難を受けるいわれはない。一応日本の勝利であり、軍部としても面目がたったので、南京から引き揚げるべきであった。そして満洲をしっかりと守り、対ソ連戦に備え、日本陸軍をもっと近代化すべきであった。

概《おおむ》ね軍首脳部も、この意見の賛成派は多数であった。武藤章大佐のように好戦派の将校もいたが、それはせいぜい北支方面の戦争を考えてのことであった。積極派の軍人でも中支、南支方面までの戦線拡大は考えていなかった。

これは、きわめて常識的な判断で、この頃までの軍部は正常に機能していたということである。とてもじゃないが、日本には中国との全面戦争をやるだけの、総合的に経済力、国力がなかったという見方は賢明な判断であった。

昭和十二年十二月、ドイツの駐支大使であったトラウトマンを仲介者にして蔣介石政権との講和をはかることを、軍部も真剣に考えていた。世に言う「トラウトマン工作」であった。またここで、石原莞爾少将が挙げていた話を引用してみよう。

——大英断をもって華中、華北を放棄して、長城線を守るべきだ。また、この大難を救うために、大西郷となり、勝海舟になる人間がいない。

近衛公は総理大臣であるから、自分が真に不拡大方針であるなら、陛下に直接奏上して、天皇の御裁可を仰いで、南京行きの段取りを講ずることができる立場の人である。

私のような作戦部長という身分の低い者では、陛下にお目にかかることすらもできないので。近衛総理大臣が陛下に奏上し、陛下が『よろしい、それなら行ってまいれ』と抑せられれば、日本人の何者にも阻止されない天下の大号令なんだ。

それで、南京で蔣介石氏と話合いがつけば、私は直ちに南京からラジオで『天皇陛下の御命令で只今、南京で蔣介石氏と話合った結果、事変はこのように解決することになった』と放送し、即時処置を講ずる決心だった。日本はこれで天与の好機を失った。——

結局、これは実現にはいたらなかった。パフォーマンスだけの近衛文麿。その近衛の真意は中国共産革命にあったのであろう。ここで横山臣平少将(=石原と陸士、陸大同期)の談話を挙げておく。

「近衛の優柔不断さが如実に露呈した事件で、たとえ蔣介石との間で交渉がまとまっても、軍はおそらくこれを無視して行動する。そうなれば自分の面目が丸潰れになると恐れた」

はたして当時の軍部は、本当にそうであったのか、はなはだ著者は疑問に思っている。これは、むしろ積極派軍部をうまく活用した近衛の巧妙な演技ではないか。また石原莞爾少将は、「二〇〇〇年にも及ぶ皇恩を辱《かたじけの》うして、この危機に優柔不断では、日本を亡ぼす者は近衛である」と激怒したという。

風見章（現在の官房長官、近衛文麿の副参課長的存在）は、「近衛・蔣介石会談が失敗すれば、近衛の面目だけでなく、日本の国際信用が失われることを危惧した」と書き残している。

これらに見られるように、近衛らは初めから逃げ腰であり、軍部とはもともと戦争目的が違っていたのである。国民にはあたかも平和的イメージを与えておきながら、事態は戦争へ戦争へと拡大していったのである。じつはこれと同じ手法を、昭和十六年十月にあった「ルーズベルト大統領とのハワイ会談」で使っているのである。

近衛文麿とは、軍部をうまく活用した総理大臣で、その演技力は天才的であり嘘が平気で言えるし、平気で嘘が書ける人でもあった。

昭和十三年一月を迎えて南京は平和を取り戻し、人口も約二十万人から約二十五万人に増えてきた。以下は筑波大学の中川八洋教授の『大東亜戦争と開戦責任』から引用する。

当時の中国において正統政府はただ一つ、国民党の蔣介石政権しかなかった。しかもこの政権が中国全体への実権をほぼ手中にしていた。それが『爾後《じご》国府を対手《あいて》とせず』だから、この声明によって、日中の和平の道を探る唯一つのパイプを日本側から木端微塵に破壊してしまったことになる。それは日本の誰か（ある勢力）にとって、中国との和平そのものを断固として排除しなければならないものであったことを意味している。

中国と永遠に戦争が続くこと、それが総理近衛文麿の目的であった。日中間の戦争それ自体が無期限に継続されること、それが近衛文麿の執念をかけた狙いであった。では、なぜ近衛文麿は日中戦争が終結することをこれほどまでに妨害しなければならなかったのか、という日本の現代史に残る最大の謎に、我々はぶち当たることになる。

この核心に迫る前に、もう少し当時の状況を振り返っておこう。この「国民政府蔣介石を対手とせず」の内閣声明を、近衛文麿が慌てて発表したのは、その五日前の昭和十三年一月十一日に御前会議で日中和平が決定されたからである。

蘆溝橋事件からまだ半年ほどしかたっていないこの頃までは、陸軍では日中戦争に積極的に反対するものと懐疑する不拡大派とが、合計するとまだ多数派であり強かった。かくして、陸軍参謀本部は、ドイツの仲介による早期講和を定めたこの「支那事変処理根本方針」を昭和天皇の御臨席される国家の最高意志決定機関である御前会議の決定に持ち込むことに成功した。

そこで、和平潰しに執念を燃やす近衛文麿としては、まず第一段階として、閣議和平交渉の打ち切りを決定し（一月十四日）、この三日前の御前会議の決定をオーバーライド（覆す）した。御前会議の決定を無視して、公然たるその潰しをやってのけたのであった。

次なる第二段階として、近衛は、二日後の十六日、内外に衝撃的な発表をして国際的に既成事実にしてしまった。これらがこの『国民政府を対手とせず』声明であった。

これによって御前会議が決定した『支那事変処理根本方針』は、完全に有名無実の反故《ほご》となってしまった。しかもこれに加えて、さらに二日後の十八日、この『対手とせず』は『蔣介石政権の否認』というより『蔣介石政権を抹殺する』ことの意味だとの解釈をわざわざ、これまた政府声明として内外に発表した。

戦前の日本で、御前会議の決定を数日を経《へ》ずして、平然と無視し、これを反故にしたものは近衛文麿たった一人しかいない。近衛文麿だけが天皇の御意志を縦横に無視したただ一人の政治家であった。もちろん、近衛文麿一人でこれらのことを決定したのではなく、それはこの内閣のブレーンたちにも大きな責任がある。

たとえば、近衛文麿の参謀長的存在で近衛内閣の参与であった尾崎秀実は、この頃、近衛に金魚の糞のごとく付きまといて、これら政府声明の文章はすべて尾崎が書いたものである、という話がある。おそらく近衛内閣のブレーンたち、近衛文麿、広田弘毅、尾崎秀実、風見章、松本重治、西園寺公一、犬養武らが共同謀議してつくり、広田弘毅外相に発表させたというのが真相であろう。

ここで、広田弘毅についてのエピソードを挙げておく。一八七八年（明治十一年）、福岡生まれ。明治三十八年、東京帝国大学法科卒（同期に吉田茂）。外交官となった若い広田弘毅は、イギリス、アメリカ、ソ連に勤務した後にソ連大使となる。

海外勤務が永く外交官としての実績が豊富にあったので、そのキャリアを買われ、斎藤内閣、岡田内閣で外相を務めた。二・二六事件後、首相に指名され、軍部大臣の現役制を復活したり、日独防共協定に調印したりした実績がある。

昭和十二年六月四目、第一次近衛内閣では外相となり、支那事変問題で悩みぬいたが、結局、解決することが出来なかった。解決するどころか、近衛文麿と共謀していった支那事変は拡大の一途となった。蘆溝橋事件、北支事変、第二次上海事変、支那事変、南京攻略戦、これらの事変拡大に対して広田弘毅外相は、積極的に事変拡大を阻止した形跡が見られない。ドイツ・トラウトマン駐支大使による事変仲裁、講和会議がもたれた。

昭和十三年一月十一日、昭和天皇御臨席のもと御前会議が開かれ、蔣政権との和平が決定された。「支那事変処理根本方針」がそれだ。だが昭和十三年一月十六日、突如として『爾後蔣政権を対手にせず』の声明を、近衛内閣は発表した（広田弘毅外相が全世界に向けて発表した）。

昭和十三年二月、企画院が政策立案した、『国家総動員法』や『電力国家・管理法』を近衛首相が持ち出してきたが、広田外相が反対した痕跡が見られない。ところで昭和十二年十月十五日、バチカンのローマ法皇ピオ十一世の、以下のような談話があった。

「日本は侵略戦争を戦っているのではない。日本と支那との戦いは防共の聖戦である。我々は外蒙古からアジアを襲うとする共産主義と戦わなければならない。日本はそれと戦っているのだから、全世界のカトリック教徒は日本の戦いに協力せよ」

ここで見られるように、当時のカトリックは反共であった。共産主義に対しては強い姿勢で望んでいた。しかし、戦後のカトリックの神父たちは、共産主義者の甘い言葉（自由、平等、民主、人権）に惑わされて、左翼団体と化したのである。

ピオ十一世の談話を耳にされた昭和天皇は、支那事変解決のため、外務省職員の原田健を特命全権公使にしてバチカンのローマ法皇のもとに派遣された。これは昭和十三年四月のことであった。これらの昭和天皇の和平への努力を反故にした近衛内閣とは、一体、何者であったのか。ちなみに、時の外相は広田弘毅（＝フリーメーソン秘密結社？　近衛文麿、山本五十六も同じ）であった。

この頃の尾崎秀実論文が「改造」（昭和十三年五月号）に載っているので挙げてみる。

「支那と提携が絶対に必要だとする主張は意味をなさない。敵対勢力として立ち向かうものの存在する限り、これを完全に打倒して後、始めてかかる方式を考えるべきであろう」「元が南宋を亡ぼすのに四十五年かかっている」「清が明を亡ぼすのに四十六年かかっている」

これら論文に見られるように、近衛、尾崎は、支那事変を相当長期化する計画を持っていた。また、日本にとって何の利益もない支那事変では、領土が増えるわけでもないし、中国に資源があるわけでもない。

この頃、大多数の軍人たちも、南京攻略戦で中国の首都南京を落とせば、それで戦争は終わり、一応は日本の勝利になると考えていた。また、ここで日本側から戦争を止めても、日本にとって何ら屈辱的なことはない。

しかし、この日中戦争は近衛文麿とそのブレーンたちによって見事にぶち壊され、蔣介石政権と永遠に戦うはめに陥ったのである。彼ら共産主義者の戦争目的は、あくまでも中国共産主義革命であって、全東アジアの共産主義革命である。

蔣介石軍も日本軍も、共倒れするまで戦い続けなければならないのであって、「講和」などとんでもない話であった。講和の相手を完全に消し去ったのであるから、どこまでも戦いは継続される。「蔣介石を対手にせず」声明で、さらに中国側に刺激を与え、ゲリラ線、テロ活動、小規模戦闘が増大して泥沼化し、支那事変は長期化の一途となったのである。

ここに上智大学名誉教授の渡部昇一の言葉を挙げておく。
「近衛文麿や尾崎秀実が外交交渉に出て来ると、いつも結果は日本にとって悪い方に悪い方にとなっていった」

第十四章——東亜新秩序

このように、支那事変における戦闘は、まず初めに中国側による挑発戦争が行なわれ、それに激昂して日本軍が戦闘を始める。東条英機宣誓供述書によれば、「この時代、日本はいつも受身であった、日本から積極的に戦略を立てたことはなかった。そしていつもコミンテルンの動向に翻弄されていた」と。

そして、これらの事件を事変にして絡んでいく近衛内閣が、先に先に軍事予算を付け、懸念している軍人の尻をたたいて、事変を戦争へと大きくしていくというパターンであった。

昭和十二年頃までの戦争の軍事予算は、すべて近衛内閣から付けられたものであり、軍部から申請されたものは一度もなかった。昭和十三年五月から徐州作戦、漢口攻略作戦、広東攻略作戦へと、戦争は中国全土に広がっていったが、いっこうにこの戦争の決着がつけられず、戦線は拡大する一方であった。

特に漢口攻略作戦の後は、日中の講和会議が行なわれたが、いつもその背後から尾崎秀実、犬養武、西園寺公一らが現われ、会議は決裂する一方であった。いわゆる、近衛内閣は平然と和平潰しをやってのけたのである。

昭和十三年十一月三十日、昭和天皇御臨席のもと御前会議が開かれたが、支那事変を終結させるどころか、近衛首相は、「東亜新秩序の建設」というスローガンを掲げてきた。

この頃の蔣介石は、日本軍に敗けていたが、米、英、仏から大量の軍事援助をもらっていたので、交渉に対してはかなり強気であった。そして、蔣介石は軍事的、政治的拠点を漢口から、さらに奥地にある重慶に移すのであった。中川八洋教授の『大東亜戦争と開戦責任』から引用する。

——日本が「八年戦争」(日中戦争、大東亜戦争)を決定し遂行したその理由の核心について、戦後の日本では、ジャーナリズム界と学会とを合わせて、事実上そのすべてが戦後六十年を経た今日でも一切触れようとしない。一部の良心的な専門家たちが、この戦争の過程の「記録された事実」のみを収拾し、時系列的に並べるだけである。

他の一群の人々は、この一九三〇年代から一九四五年までの日本を、「軍国主義」とか「ファシズム」とかイデオロギー的に糾弾し、「侵略」「謝罪」などの二文字〝魔語〟を振りかざして日本みずからを非難する。

後者は、「八年戦争」の真実を知るがゆえにこの真実をカムフラージュするための嘘宣伝(プロパガンダ)をなしているのであろう。前者は、一国の存亡をかける戦いというものは、無目的ではしないということも理解出来ず、国家や戦争の本質についてあまりにも無知で幼稚すぎる。

敗戦六十三周年、我々は、日本にとっての「不必要な戦争」であった「八年戦争」について、カムフラージュされた目的を明らかにする責任と義務がある。「八年戦争」とは一九三七年七月七日、北京（北東）郊外の蘆溝橋における「死者ゼロ、負傷者ゼロ」の小さな小さな武力衝突事件が、自然発火するように、大戦争にエスカレートしたものであった。日本の太閤秀吉のように中国を日本領土にしたいという考えはまったくなかったのだ。

鉄道や鉱山などの何らかの経済的要求を突き付け、その同意を軍事的に強制する――そのような動きも、日本には一切存在しなかった。日本の安全保障上の障害も存在しなかった。

近衛文麿もまた、昭和十三年十一月三日、「東亜新秩序」声明を出した。この声明の説明に際して、日中戦争の目的が日中間の紛争を解決するためでなく、中国から英米を排除することだと、ポロリと本心を白状している（昭和十三年十二月一日の枢密院での答弁など）。

次に嘘だらけの近衛論文を引用する。

――事変当初、不拡大方針をもって出来るだけ現地解決を計ろうとしたのであるが、どういうわけか実際においては、拡大するばかりであった。これでは心配で堪《たま》らないから、南京攻略の機会をつかみ、ドイツのトラウトマン駐支大使を通じて南京との交渉に当たって貰った。これは無論《むろん》日本からドイツ政府に斡旋を頼んだものだが、支那側が思うように交渉に乗ってこないので不成功に終わった。

そこで、やむを得ず翌年の一月十六日に「爾後国民政府を対手とせず」という声明書を発表して様子を見た。しかし、事態は少しも好転しないので「対手とせず」という声明を緩和し、「国民政府が改替厚生して新秩序建設に参ずれば拒まず」と言い変えた。このときは始めて「東亜新秩序」という言葉を使った。これは昭和十三年の十一月三日の声明である（近衛文麿「平和への努力」『世界文化』創刊号、昭和二十一年二月）。

この「平和への努力」は昭和二十年になって近衛文麿が書いたものである。だからここには、日本の敗戦が真近であったので近衛としては、敗戦後の自己保身を考えて書いていたということは、ほぼ間違いのないことである。

これらの論文に見られるように近衛文麿とは、軍部をうまく活用した戦争詐欺師の革命家であったというのが本当のところではないか。

「東亜新秩序」とは、日本、満洲国、支那、これら三国の提携により、東亜に国際正義・防共協定・経済協定を実現するというもので、この「東亜新秩序」構想は、近衛内閣が掲げていた重要政治理念の一つであった。つまり、「東亜新秩序の建設」とは、英米勢力を中国大陸から追い出し、中国に共産主義革命をさせようとした政治工作の第一歩であった。

三田村武夫氏の『戦争と共産主義』には、逮捕後に尾崎秀実が書いた次の手記がある。引用する。

――私の立場から言えば、日本なり、ドイツなりが簡単に崩れ去って英米の全勝に終わるのでは甚だ好ましくないのであります。（中略）此の意味に於て、日本は戦争の始めから、米英に抑圧せられつゝある南方諸民族の開放をスローガンとして進むことは大いに意味があると考えたのでありまして、私は従来とても南方諸民族の自己解放を「東亜新秩序」創建の絶対要件であるということをしきりに主張して居りましたのは、かゝる含みを籠めてのことであります。この點《てん》は日本の国粋的南進主義者の主張とも殆ど矛盾することなく主張される點であります（『戦争と共産主義』所収）。

以上のような論陣を張っている尾崎秀実だが、「南方民族の自己解放」が「東亜新秩序」創建の絶対要件であるとの主張には、じつはその裏があるからである。南方の重要資源確保だけで南方に進出した場合、これは日本の侵略行為と取られるので、アジア諸民族の白人の植民地支配からの解放と人種差別撤廃を掲げ、一石二鳥で軍事活動に取り組んだのが当時の日本であった。

また、「この点は日本の国粋的南進主義者の主張とも殆《ほとん》ど矛盾することなく」と尾崎は主張しているが、日本軍が南進すれば当然、米英と激突することになる。もう一つは、二正面作戦は取れないので、当然、日本軍は北進できない。ということは、ソ連を日本帝国主義から守ることになる。

そして、さらにもう一つある。「東亜新秩序の建設」「大東亜共栄圏の確立」というスローガンを挙げ、これを日本軍の大義として南方進出をさせ、南方諸国を独立させる。そのすべてを日本軍にさせたのであった（日本軍はソ連のエージェント『代理人』）。

日本敗戦後、東アジア諸国は、ことごとく共産化した（中国、満洲、内モンゴル、新疆ウイグル、チベット、北朝鮮、ベトナム、ラオス、カンボジア、ビルマ）。また共産主義の影響を強く受けた国が生まれた（日本、韓国、台湾、インド、マレーシア、インドネシアなど）。だから、戦後の東アジアにおいて一番の利得者はソ連だったのである。ソ連の膨張政策（共産主義化）に日本軍は、うまく利用されたのである。近衛文麿、尾崎秀実らの真の狙いは、まさにここにあった。

英米追放の煽動スローガンであった「東亜新秩序」、この本当の目的は、中国における共産主義革命であって日本の軍事的勝利ではない。中国に対して軍事的に勝利しても、何も得るものがなかった当時の日本。また前項の目的のために一番障害となってきた国は、英、米、仏の東亜での存在である。これらの勢力を、まず大陸から追放しなければ中国における共産革命は難しい。

そこで蔣介石政権を武漢三鎮（武昌、漢口、漢陽）から追放し、重慶へ追いやった近衛内閣は、次に「東亜新秩序の建設」というスローガンを掲げ、大陸からの英、米、仏の追放に取りかかったのである。これが英米との対決の最初の出来事であった。

ここで不可解な事実にぶち当たる、それは蔣政権を援助していたのは、英、米、仏だけではなかった。ソ連もそうなのだが、近衛内閣はあえてソ連の存在を無視する傾向がある。それは、ただただ彼らの祖国がソ連だからである。ソ連のことは故意に隠したがるのである。蔣政権はソ連から大量の援助をもらっていたのである。

歴史的事実は、英、米、仏、蘭が植民地支配していた領土を、日本軍が侵攻していったのである。それは、アジアの人たちを植民地から解放しようという日本の倫理感、道徳的に高い理想を持ち、重要資源を確保するためであった。

そして終戦により、日本軍が東アジアから引き揚げてみると、東アジアはことごとく共産化したのである。戦後の中国の国共内戦、朝鮮戦争、ベトナム戦争と続いたことは、コミンテルンの全東アジア共産化政策の賜なのである。戦後この体制から逃れた国はカンボジア一国のみである。

第十五章――支那事変〔III〕

支那事変勃発当時、参謀本部作戦部長だった石原莞爾少将の言論を挙げておく。

「若し、中国と戦争状態に入り、持久戦争により我が戦力が消耗し、ついにアメリカ兵備の増強を来す時は、米国の対日態度は必ず硬化する。ソ連また然り。中国がもし徹底的に抗戦すれば、半年、一年後には戦線は中国全土に拡大し、数年にして日本戦力は消耗する、その時に米ソの干渉が予期せられる。ここで日本は世界戦争を巻き起こして必ず日本の生命取りになる。（中略）かくの如き見地から将軍（石原）は、断固不拡大方針、即時和平を主張したのであった。これらの……理由は、当時私が参謀本部において、或いは将軍の自宅において、将軍から直接聞き取ったものである」（高水濆寿『東亜の父石原莞爾』）

「日本に於いて斯う云ふ運動〔コミンテルンの謀略活動〕を展開するに最も都合の宜い人物を政界の表面に進出させせよ、而して此の人物は日本の国民が不安を感じないで而も人気があり、新思想を理解し、新運動の展開に便利な人が宜いと云うのである。（中略）日本は事変四年に及んで尚旺盛なる戦争継続熱がありまして、これは赤のお指図でもない日本国民の自信と純真なる愛国熱の発露なのでありますが、コミンテルンは違った目的から日本の戦争継続を待望して居るのであります。（中略）我国は固より事変の短期解決を望んで居りまするが、其の解決は光栄有る解決、東亜永遠の発展と安全とを保障せられる解決であります。（中略）

然るにソ連の期待は之と違うのである。成るべく日本を長期戦に追い込んで、国力を消耗させる、……英米殊に米国との間に対立関係を激化させて、日本に第二の戦争を起こさせる。そして、自分は懐ろ手をし乍ら日本の衰亡と崩壊とを眺めようと云うのであります」（「日本帝国破滅の由来」『時局』第一四七号、昭和二十四年七月号より引用）

蔣介石軍を漢口から重慶へ追い遣った近衛内閣は、これで蔣政権に対し支那事変を軍事的に解決する道を自ら閉ざしていったのである。また、これで英、米、仏、ソの蔣政権への軍事的援助は莫大なものとなり、ますますこの事変を解決することが不可能となっていくのである。

このように支那事変は、コミンテルン、中国共産党、近衛内閣などの思惑どおりになっていったのである。近衛首相は口では日中戦争不拡大方針、早期解決を唱えているが、現実には「日中講和」をぶち壊し、日本国内を社会主義体制へと誘導していたのである。具体的には昭和十三年二月四日に提出された「国家総動員法」で、企画院が立案したものである。

昭和十三年一月十一日、御前会議で蔣政権との講和を決めていた日本だったが、昭和十三年一月十六日に「爾後、蔣政権を対手とせず」という声明を出して、和平交渉を潰した。その近衛内閣が、まだその唇も乾かない二月四日、「国家総動員法」を提出してきた。これは、講和など結ぶ意志がまったくないということであり、その次に大規模戦争（米英との戦争）をすでに想定していたということでもある。

民政党の斎藤隆夫をはじめ反対者は多数いたが、昭和十三年四月一日、公布された。こうして、ナチスばりの全体主義国家構想が政府を支配した。国民の自由意思ではなく国家命令が、国家全体の経済活動を動かすと定められたのである。中川八洋教授は『大東亜戦争と開戦責任』でこう述べる。

「本法に於いて国家総動員法とは、戦時に際し国防目的達成の為、国の全力を最も有効に発揮せしめる様、人的、物質資源を統制運用するこの内容は、議会の承認なしに戦争に必要な人的、物的資源を政府が統制することが出来るという白紙委任立法である」

これとほぼ同じ時に政府が提出した電力国家管理法案も議会で成立した。いずれも、日本という国家の体制を、自由経済から統制経済に変革させたもので、官僚、役人たちが権限を強め、大いに幅をきかせることになった。

いわゆる、全体主義的傾向であり、この社会体制が戦争を行なう上で、一番合理的で都合のいい体制であったからだ。近衛人気は大いに上がり、経済界の強い抵抗を抑え込んでの戦時経済体制である国家社会主義体制を確立させていった。そうして、この法案が成立して、言論、表現の自由は文字通り封殺されたのである。

このように日本中が暗く貧しくなっていく。「贅沢は敵だ」とのスローガンが揚げられ、銀座のネオンも消え、婦人のパーマネントも禁止された。そして、軍事予算に直接つながっていった大増税を、近衛文麿は何の躊躇もなく平然と行なっていった。これらのことから、経済の悪化を招き、個人消費支出は一九三〇年八十九パーセント、一九三七年八十四パーセントとなった。

当時の国民は、日本軍の戦果（連戦連勝）に興奮しつつも、みなこの戦争（支那事変）に懐疑的であった。超大国の英米とはまだ戦争をしていない、軍事的後進国の中国とだけの戦争で、この状態なのである（昭和十六年頃の日本経済は悪化の一途で、すでに今の貨幣価値で言うと何百兆円も消費していた）。

経済界、財界は戦争を好まなかった、むしろ自由貿易を望んでいたのである。その方が遥かに原材料が入るし、利益も上がるからである。戦後の日本では、これとは反対に財閥が戦争を起こしていったという話が左翼団体にあるが、これは大変悪質な詭弁、デマゴギーである。

次に近衛文麿が打ち出した政策に、大政翼賛会が挙げられる。その結果一九四〇年（昭和十五年）、七月二日の日本革新党の解散を皮切りに、八月十五日の民政党を最後に日本の既成政党はつぎつぎと解党していった。それは、あたかも魔法の杖でマインドコントロールされるように、近衛文麿の「新体制声明」は伝染病的に続いていった。

雪崩《なだれ》現象となった政党の解散の状況を次に掲げる。

日本革新党　昭和十五年七月二日

社会大衆党　昭和十五年七月六日

政友会久原派　昭和十五年七月十六日
政友会鳩山派　昭和十五年七月十六日
民政党永井派　昭和十五年七月二十五日
国民同盟　昭和十五年七月二十六日
政友会中島派　昭和十五年七月三十日
民政党　昭和十五年八月十五日

日中戦争の長期化や第二次大戦勃発など背景に、近衛は高度国防国家の建設や政治新体制の樹立を目指して新党をつくる「新体制運動」を起こした。これが広い支持を受け、既成政党も自ら解党して追随していった。いわば、一国一党の独裁体制の確立である。下からの革命ではなくて、上からの無血革命であった。

これで第二次近衛内閣は、政治も経済も軍事も掌握して、国民の知らないうちに一党独裁の中央集権的社会主義国家、共産主義国家建設に邁進していったという歴史的事実がある。

中川八洋教授の『大東亜戦争と開戦責任』（一三〇ページ）から引用する。

――「近衛新体制」は、ソヴィエト共産党体制。第一段階の既成政党潰しには完全に成功した近衛だが、第二段階のこの新党づくりではソヴィエト共産党型にする点で、近衛は大幅な後退を余儀なくされた。

この一九四〇年の時点では、まだソヴィエト共産党型には国内で反対が強かったし、明治憲法の全面否定になることを正当化する理屈をだれも見つけられなかった。

近衛文麿の四十九歳の誕生日をわざわざ選んだ大政翼賛会の発会式（一九四〇年十月十二

日）で、それが〝党〟でなく〝運動〟であり、組織ではなく、この〝運動の機関〟であると定義された。さらに綱領も宣言も発表されなかった。

このように近衛文麿は、機が熟さないとみるや敏速に退却することをためらわない第一級の政治家であった。それが「コミンテルンのテーゼに基づく」（鳩山一郎）かどうかは別として、大政翼賛会が実際に国家の全権を持つ〝第二の日本共産党〟を目指していたことは、当時のかなりの国民にも肌で解っていた。また少数といえども根強い「赤」論の勇気ある批判もまだ展開されていた。

この状況を一時的に避けて機の熟するを待つのが、近衛の作戦であった。しかし、それ以上にこの「大政翼賛会」という名称の疑似政党を、近衛文麿らが当初の構想通りにソヴィエト共産党型にするのを強行突破できなかったのは、「明治憲法」「昭和天皇」が存在したからである。

ところが、この事実を逆さまにして、明治憲法が軍国主義の元凶のごとくに中傷するのが戦後の政治学者・憲法学者である。彼らの学問とは学問ではない。イデオロギーのための悪質な詭弁であり、デマゴギーでしかない。――

【第三部】

第十六章――汪兆銘から三国同盟

「東亜新秩序の建設」声明からたった二ヵ月しか経っていない昭和十四年一月四日、近衛内閣は総辞職した。その理由は、日中戦争の解決の道がまったく見えなくなったことである。

しかし、これはおかしな話であって、近衛文麿自身、昭和十三年一月十六日「蔣介石を対手とせず」声明によって交渉相手国を完全に消してしまっているではないか。

そして、あたかも日本国民の眼には和平交渉をしているかに見せるために、中国を実行支配していない正統性なき傀儡《かいらい》政権を重慶から引っ張り出してきた。しかし、まだ汪兆銘の先々のことはよく判らないので、ひとまず休戦体制に入ろうとしたのが近衛の真相ではないか。

近衛文麿という人物は、機が熟さないとみるや動かない政治家で、「動かざること山のごとし」が出来る超一級の謀略家でもあった。前項の二つの理由は、充分に日中戦争の超長期化工作に役立つからである。

汪兆銘は、和平救国を叫んで一挙に全面和平を考えて重慶を脱出したが、難航続きで結局、新政府樹立は昭和十五年三月三十日、日本政府の承認は昭和十五年十一月三十日だった。

汪兆銘としては、八十万の軍隊を持って中国共産党を叩きたかったのである。このようにいつまでも戦争を続けているると、やがて日本軍も蔣介石軍も消耗してしまって、中国は共産党のものになってしまうからである。現実に汪兆銘の透視は正しかったのではないか。

近衛首相の生みの親である元老西園寺公望は、以下のような言葉を残している。

「とにかく近衛が総理になってから、何を政治しておったんか、自分にはちっとも判らない。……陛下に対して誠にお気の毒である」

青年期、あの当代随一の共産主義者、河上肇（京大助教授、共産党員、懲役五年の実刑）のもとで学び、師弟関係にあった近衛文麿は、二十七歳の時「英米本位の平和主義を排す」の論文を書いた。

この論文から推察すると、「普通青年期の思想が熟年になって変わることは稀であって、一般的には転向は起こり得ないのである」。つまり、青年期に一度マルクス・レーニン主義の思想に染まると、生涯そこからの転向はまず難しいということである。

近衛文麿も、生涯にわたって共産革命への夢を抱き続けた人間であった。近衛文麿の思想から、彼が行なった第一次近衛内閣の政策を見ると、以下のようなものである。

蘆溝橋事件から北支事変へ、軍部より先に先に軍事予算を付け、陸軍三個師団派兵、北支事変から支那事変へ、日中戦争、大増税、日中戦争を日露戦争なみに格上げ、大規模戦争用に大軍拡、昭和十二年十一月二十日に大本営を設置、企画院の設置、蔣介石政権を対手とせず、国家総動員法、電力国家管理法、バチカンのローマ法皇へ特命全権公使を送ったことを握り潰す、東亜新秩序の建設、汪兆銘政権。

昭和十四年八月二十三日、独ソ不可侵条約成立。昭和十四年九月二日、イギリス、フランスがドイツに対し宣戦。第二次世界大戦が始まる。

中川八洋教授の『大東亜戦争と開戦責任』にこう記されている。

「左翼政党なる社会大衆党ですら、戦後日本社会党の執行委員長にもなった浅沼稲次郎らの代表が、中央執行委員長の決定した強硬な要請書を、昭和十五年六月二十日、政府に提出いたしました。その中には、世界及び東亜新秩序建設のため日独伊枢軸を強化すること。英米追随外交を清算し、日英・日米交渉を即時中止すること。仏印経由の援蔣ルートを遮断し、実力を以って仏印当局の不誠意な敵性を拋棄《ほうき》せしむる保障確保すること」（東京朝日新聞より）

昭和十五年六月二十九日南進の第一歩であった北部仏印に、日本軍は外交交渉により進出する。『昭和天皇独白録』三国同盟（五九ページ）にこうある。

「同盟論者の趣旨は、ソ連を抱きこんで、日独伊ソの同盟を以って英米に対抗し、以って日本の対米発言権を有力ならしめんとするにあるが、一方独乙の方から云わすれば、以って米国の対独参戦を牽制防止せんとするにあったのである。

吉田善吾（海相）が松岡洋右（外相）の日独同盟論に賛成したのは、騙《だま》されたと云っては語弊があるが、まあ騙されたのである。日独同盟を結んでも米国は立たぬと云うのが松岡の肚である。松岡は米国には国民の半数に及ぶ独乙種がいるから之れが時に応じて起つと信じて居た。吉田は之れを真に受けたのだ。

近衛第二次内閣の政策要綱は大変おかしな話だが、近衛、松岡、東條〔英機・陸相〕、吉田の四人で組閣の機に已《すで》に定めて終わった。吉田は海軍を代表して同盟論に賛成したのだが、内閣が発足すると間もなく、米国は軍備に着手し出した、之れは内閣の予想に反した事で吉田は驚いた、そして心配の余り強度の神経衰弱にかゝり、自殺を企てたが止められて果たさず後辞職した。

後任の及川（古志郎）が同盟論に賛成したのは前任の吉田が賛成した以上、賛成せざるを得なかった訳で、当時の海軍省の空気中に在ってはかくせざるを得なかったと思う。近衛の手記中に於いて、近衛は及川を責めているが、之れは寧《むし》ろ近衛の責任逃れの感がある」

荻窪会談

「今やドイツとの軍事同盟問題に頬っかぶりしたままでは、組閣出来ないので昭和十五年七月十九日、近衛公は、吉田善吾海相、陸相候補の東条英機中将、外相候補の松岡洋右氏を私邸に集め、組閣すべき新内閣の施政方針を極秘文書によって申し合わせしました。その他、世界政策の一項に速やかに東亜新秩序を建設するため日独伊枢軸の強化を図り、東西互いに策心して諸般の重要政策を遂行す。但し、枢軸強化の方法及び之れが実現の時機等に就いては、世界情勢に即応して、機宜失わざることを期す」（「日本外交年表主要文書」より）

昭和十五年七月二十二日、第二次近衛内閣が誕生した。近衛文麿が内閣発足後、一番に手掛けたことは、日独伊三国同盟と大政翼賛会であった。

この頃のドイツは日の出の勢いで、強みの電撃戦で、ポーランド軍をわずか十八日間で撃破、オランダ、ベルギー、フランスを六週間で破り、パリを無血占領し、さらに北アフリカでイギリス軍を退けた。

破竹の勢いで緒戦を制したヒットラー率いるドイツ軍に対し、日本軍は、ノモンハン事件では、ソ連軍に大敗したと信じこんでいた。したがって、ヨーロッパ戦線でとてつもない強さを見せつけたドイツに日本は仰天するのである。そしてドイツと同盟関係を結んでいれば、先行きは安泰だという気運が高まるのである。

この当時「バスに乗り遅れるな」という嫌な言葉が流行する。朝日新聞などは大々的なキャンペーンを繰り広げた。東亜新秩序の建設、大東亜共栄圏の確立という一大目標を持っていた近衛は、ドイツの緒戦での勝利を、どんなにか頼もしく思っていたことか。

近衛にとってドイツは心強い頼りになる国に思えたのであり、また、南進論を考える上でドイツとの同盟はとても心強く都合がよかった。なぜならば、南進論では英米と激突するからである。英米との激突は大規模戦争を意味するので、そこで近衛はドイツ、イタリアの後ろ楯を必要としていたのである。

そこで昭和十五年九月二十七日、近衛はドイツのベルリンへ外相の松岡洋右を派遣して、日独伊三国同盟を結ばせたのであった。第二次近衛内閣が結んだ日独伊三国同盟は、日本陸軍を北進させないためのものであった。すなわち、ソ連を守るためのものであったのだ。

また、昭和十五年十月十二日、近衛文麿は一国一党の独裁体制の大政翼賛会（初めは大日本党という右翼イメージの名称であった。しかし、中身は社会主義、共産主義であって、最終的には、政党ではなくて国民運動となった）を発足させ、全体主義国家へ日本を邁進させたのである。

近衛文麿とは、世間一般で知られている優柔不断で力が弱く、変わり身の速い政治家でも何でもない。スターリン、ヒットラー、ルーズベルトに匹敵する立派な独裁政治家ファシストであった。

この頃のヨーロッパ状勢は、断然ドイツが強く、もうまもなく英国はドイツによって占領されるであろうという判断が強かった。日本が独伊との関係で三国同盟を結ぶのであれば、ドイツが英国を占領してからにすればよかったのではないか。またこれは充分可能なことであった。

第十七章——独ソ戦勃発

ここで少し松岡洋右のことを挙げておく。松岡洋右は明治十三年、現在の山口県光市（室積港）で生まれた。江戸時代、実家は北前船の廻船問屋であった。父親の松岡三十郎はなかなかの国士で、山縣有朋などがよく松岡家を訪れ、倒幕資金を徴発にきた時、快く対応していたそうである。

　後年、山縣有朋が元老となった時、松岡洋右は山縣邸を訪問したことがあった。さっそく床の間のある部屋に通されたが、出てきた山縣有朋が松岡洋右を上座に座らせると、深く頭を下げ、倒幕資金のお礼を言ったそうである。そんなエピソードがこの二人の間にあった(岸信介、佐藤栄作の叔父にあたる人で、日本が国際連盟を脱退した時の主席全権であり、その後、満鉄総裁となった)。

　さて、昭和十五年七月二十二日、第二次近衛内閣で外相となった松岡洋右は日独伊三国同盟を結んだ。この条約で、日本は米英との対決から逃れることが難しくなっていく。そして米国との関係が完全に敵対関係になっていった。

　辣腕家の松岡洋右としては、三国同盟を結んでいる以上、米国は迂闊に、日本に手が出せないであろうと踏んでいた。近衛文麿としては、この三国同盟で米国に反省をもたらし、日本への圧力も緩和されるものと考えていたと、自著の『平和への努力』で書いているが、それはまったくの嘘話であって、そんな嘘が平気で書ける人なのである。

　三国同盟締結後、ソ連との間で中立条約を結ぶことを考え始める。松岡洋右は、若い頃より米国に十年間留学していて、そこで学んだ知識は相当なものであった。また当時としては、誰よりも米国をよく知る政治家で、こと対米外交に関しては大変な自信家であった。

「外交はこの松岡に任せろ」ということを、盛んによく言っていた。露骨な米国からの圧力に対抗するには、この三国同盟のほかにソ連を加え、将来四ヵ国同盟に持ち込みたかったのである。

なぜならば、本来、親米派で、誰よりも米国のことをよく知る松岡にとって、三国同盟ではまだまだ不安であった。これにソ連を加えることによって、万全なものにしたかったからである。

そしてじつは、このことは地政学的にも正しいのではないか。米英との戦争を考えた場合、この四ヵ国同盟は地政学的に、ものすごい力が発揮出来る。この当時の松岡にとって、四ヵ国同盟は絶対的なものであり、不動の構想であった。

この構想は何よりも近衛文麿の東亜新秩序、大東亜共栄圏構想とピッタリと一致してくる。なぜか、南進をやる上で軍事的に一番都合のいい、また地政学的にもいい構想であったからである。

この構想のもとで、日本側から積極的になって結んだのが日ソ中立条約（日ソ不可侵条約）であった。昭和十六年四月十三日、条約締結。ところが昭和十六年六月二十三日、ドイツのヒットラーは突然、独ソ不可侵条約を破り、三方から約百個師団三百万人の軍隊で怒濤のごとくソ連領内に侵攻した。世に言う「バルバロッサ作戦」である。

そのことを聞いた松岡は、直ちに日ソ中立条約を日本側から破り、ソ連領内に侵攻することを近衛に強く進言する。とまどう近衛内閣は南進論を掲げ、昭和十六年七月二日、昭和天皇御臨席のもと御前会議が聞かれた。そこで決定したことは、「対英米戦を辞せず」の「状勢ノ推移ニ伴フ帝国国策要綱」であった。日本軍を北進させないため、またはソ連を日本の軍事力から守るために……。

南進論を強硬に掲げる近衛文麿は、同日満洲の関東軍に対し、「関東軍特別大演習」を認可する。これは強硬に北進を叫ぶ関東軍七十万将兵、参謀本部の軍人たちに対し、一応北進の自己満足を与えるためだけのガス抜きであった。いわば北進させないための「関東軍特別大演習」だったのである。

ソ連さまに楯ついて北進するとは（尾崎秀実は、よくソ連のことをマイホームと言っていた）……。彼らの祖国は日本ではなくソ連なのである。身も心もソ連に売り渡した近衛文麿は、共産ソ連ロシアに心酔し、次に北進論者の松岡洋右外相を追放するため、昭和十六年七月十六日、第二次近衛内閣を総辞職する。

近衛文麿の自著『平和への努力』では、「日米国交調整論者なりし余は、一面において対ソ警戒論者であった」と記しながら、「アメリカに対して話し合いの途は絶望的で、唯一の打開策は、アメリカの反対陣営の独伊と結び、さらにソ連と結んでアメリカを反省させる以外にない」と記されている。

対米交渉を重要視しているようにも一見うかがえる論文のようだが、同時にソ連を重要視している。ここらあたりが〝戦争詐欺師〟近衛文麿の絶妙な策謀であって、次の第三次近衛内閣で見事なまでにそれを実演していった。

ちなみに、宇野正美氏の話によると、閣外追放となった松岡洋右は、和紙の巻物（十七メートル）に毛筆で近衛文麿のことを書いた。その内容は「近衛文麿は共産主義者であり、すでにソ連に通じていて国を売っておる売国奴であるから充分に注意しろ」というものであった。昭和十六年十月十八日、内閣総理大臣となった東条英機に対して、松岡洋右は毛筆で書いた和紙の巻物を手渡したことがあった。戦後も東条家の人たちは、疎開先を転々と移動したが、松岡洋右からの巻物を大切に守りぬいた。現在は国会図書館に寄贈されているとのことである。

第十八章——第三次近衛内閣

「アメリカに対して話し合いの途は絶望的」と言っていた近衛文麿は、北進論者の松岡洋右外相を追放し、南進論者の海軍大将（予備役）の豊田貞次郎を外相とした。当時の日本海軍（永野修身軍令部総長）は、南進論を主張し、具体的には南部仏印への進駐を強硬に求め、インドネシアの石油をはじめとする重要資源を狙っていた。

日本海軍としては、石油がなければ一切の軍艦や飛行機が動かないので、石油確保のための戦争（南進論）に突入していったようなもので、いわば海軍省のための海軍による戦争であった。北進論では海軍の出る幕がないのである。

つまり、近衛文麿は、抜き差しならない、どうしようも出来ない日本海軍を途《みち》ずれに、米英との戦争に突入するよう巧妙にレールを敷いたのであった。口では日米交渉のような平和論を吐き、現実には日米対決に駒を進めていたのである。これらにも近衛文麿の本心を暴露されているのではないか。

——大東亜戦争（八年戦争）は、「東亜新秩序」というスローガンに秘めて尾崎秀実らがデザインした、東アジア全体の共産化のための戦争であった。だから中国への日本の軍事的進出、それを表面的に見て「侵略」だと糾弾するのであれば、毛沢東を支援し、中国を共産化することの軍事的進出の目的こそ真っ先に糾弾すべきであろう。

つまり、真に糾弾されるべきはアジアの共産化を考え、それを巧妙にカムフラージュして国家と国民とを戦争に誘いこんだ特定の人物（政治家、ジャーナリスト、学者、軍人）や新聞雑誌である。「朝日新聞」「中央公論」「岩波書店」「NHK」などのマスメディアである。

戦後、近衛文麿と尾崎秀実に関して「美化」と「歪曲《わいきょく》」だけが精力的になされ、彼らの実像が歴史の闇に消されて、その虚像だけがまかり通ってきた。この人為的な「歴史の偽造」の理由が「八年戦争」の真実を隠蔽するためであったのはもはや明らかであろう。

「八年戦争」を真に反省するのであれば、「八年戦争」そのものによって樹立された中共（中国共産党の政権）を倒壊させること、それ以外にない。冷戦の終焉がソ連の倒壊によって達成されたように、「八年戦争」の終結は、中共政権の倒壊で真に初めて達成されるのである。別な表現をすれば中共が存続している限り「八年戦争」は終わっていない。——（中川八洋教授の『大東亜戦争と開戦責任』より）。

昭和十六年七月二日、御前会議で「南部仏印進駐」が決まった。昭和天皇は『独白録』で「対ソ宣戦論を抑えるために、その代償の意味を含めて南部仏印進駐を認めた」と語っておられる。

また、近衛内閣は海軍には石油がなければ、どうにもならないという弱点をはめ込んでいたので、戦争はすでに時間の問題でもあった。近衛文麿の真の狙いは以下のようなものだ。「世界状勢変転の如何に関わらず大東亜共栄圏を建設し、世界平和の確立に寄与する」「自衛の基礎を確立するための南方進出の歩を進める」

さらに「状勢の推移に応じ北方問題を解決する」と、松岡外相や関東軍などの面子を一応立てておいて、「帝国は本号目的達成の為には対英米戦を辞せず」とも明記した。じつに近衛文麿は、戦争詐欺師そのものではないか。

この「南進論」発言から、アメリカは昭和十六年七月二十五日、在米日本資産凍結を発表する。そして七月二十八日、日本軍は平和的に南部仏領に侵入していったが、そこは米、英、仏、蘭の縄張りであった。

なぜならサイゴンやカムラン湾は、東南アジアの戦略要地である。そして日本(近衛内閣)は、これらの米、英、蘭の植民地に侵攻する態勢を準備したのである。これは事実上の開戦通告のようなもので、ハルノートより日本の方が四ヵ月早かったのである。第三次近衛内閣によって対米英戦最後の仕上げが行なわれたのである。

陸軍の援蔣ルート遮断(米英による蔣介石支援軍需物資輸送ルート)のためと、海軍のインドネシアの石油欲しさを、絶妙のタイミングで捉えた近衛文麿は、このことをまたとないチャンスと考え、米英との戦争を覚悟していた。

八月一日、遂にアメリカが日本に対する石油の全面輸出禁止を発表した。この時点で日本の石油貯蔵量は一年半であった。さらに追い討ちをかけるように米英中蘭によるＡＢＣＤ経済包囲網がつくられた。Ａはアメリカ、Ｂはブリテン、イギリス、Ｃはチャイナ、中国、Ｄはダッチランド、オランダである。

日本は完全な経済封鎖を受けて瀕死の状態であり、長引く日中戦争と大軍拡で国家財政は窮乏し、このぼろぼろになった日本がさらなる大戦争（米英との戦争）に突入していくのである。

すでにこの頃、陸軍は五十一個師団約百六十万人に増強し、海軍は最新鋭艦を整備し、ゼロ戦を実戦配備した。財政的には何十億円（今の貨幣価値でいうと何百兆円である）を使用していた。

ちなみに、日本陸軍であるが、終戦時には、すでに消滅した師団も含めると、二百個師団を優に突破し、その総兵力は六百万人であり、まさに国を挙げての総力戦であった。

昭和十六年八月三十日、陸海軍による「帝国国策遂行要領」が纏《まと》まった。

(1) 帝国は自存自衛を全うするため、対米英蘭戦争を辞せざる決意の下に、概ね十月下旬を目途として戦争準備を完整する。

(2) 帝国は右に並行して、米英に対し外交の手段を尽くして帝国の要求貫徹に努める。

(3) 外交交渉に伴い十月上旬に至るも、尚、我が要求を貫徹し得る目途なき場合に於いては、直ちに対米英蘭開戦を決意す。

昭和十六年九月五日、近衛は翌日の御前会議に出す「要領」を天皇に説明するために参内した。まず内大臣の木戸幸一が「要領」を見て驚いた。これは事実上、日米開戦の決定だと木戸は受け取った。

九月六日午前十時から御前会議が開催された。「議案を読むと、まるで戦争が主で外交が従であるからだ」。天皇は、あくまで開戦に反対だったのである。そして懐から紙片を取り出し、明治天皇の御製をお示しになった。

四方の海　みなはらからと　思う世に
など波風の　立ちさはぐらむ

日露戦争開戦を決める御前会議で詠《よ》まれた御製。御前会議で「帝国国策遂行要領」は原案通り決まった。日米戦争辞せずの決定であった。

そこで疑問なのは、「戦争反対」という天皇の意志を充分摑《つか》んでいて、しかも天皇が直接そのことを言えないと解っていたのなら、なぜ、木戸や近衛首相が身体を張ってでも「開戦反対」をはっきり主張しなかったのか。

「九月五日午後五時頃近衛が来て明日開かれる御前会議の案を見せた。これを見ると意外にも第一に戦争の決意、第二に対米交渉の継続、第三に十月上旬頃に至るも交渉の纏まらざる場合は開戦を決意すとなっている。之れでは戦争が主で交渉が従であるから、私は近衛に対し、交渉に重点を置く案に改めることを要求したが、近衛はそれは不可能ですと云って承知しなかった。私は軍が斯様に出師《すいし》準備を進めているとは思って居なかった。近衛はそれでは、両総長を呼んで納得の行く迄尋ねたら、と云うので、急に両人を呼んで、近衛も同席して一

時間許り話した」(『昭和天皇独白録』七四頁)

これは朝日新聞の近衛の手記に書いてあることが大体正確で、この時も近衛は、案の第一と第二との順序を取り替えることは絶対に不可能ですと云った(中川八洋教授『大東亜戦争と開戦責任』より)。

日本の対英米戦争は、昭和十六年九月六日に最終的に定まったのである。近衛文麿が智力を傾けて日本を中国及び米英との軍事衝突へと導いていく、その情熱、その「正義」観の源泉が何であったか。

このことについては、近衛文麿が青年期において率直に明快に吐露し、すでに明らかにしている。「英米本位の平和主義を排す」の論文である。これは、マルクス・レーニン主義の教科書どおりの論文であって、その八割方が現実にこの東アジアで達成されたのである。

レーニンの教科書によると、共産革命を成就させるには、小さな軍事事件や事変に絡んでいって、大規模戦争に拡大させることである。そして敗戦により疲弊した社会から、暴力革命により一気に共産革命に持っていくことである。この八割方が近衛文麿の絶妙なリーダーシップのもとで、ほぼ達成されていた。

第十九章——開戦へ

昭和十三年一月十六日、「蔣介石を対手とせず」声明。
昭和十六年七月二日、「御前会議」で南進論を決定する。
昭和十六年九月六日、「御前会議」で米英戦争辞せずを決定する。

これら三つの決定事項は、御前会議で昭和天皇御臨席のもとで決められたのであった。その決定事項を三つとも翻《ひるがえ》したのは、内閣総理大臣であった近衛文麿である。日本の憲政史上、御前会議の決定事項を翻した総理大臣は一人もいないし、近衛文麿だけが例外中の例外である。しかも、三つもやってのけたのである。

これは背後に相当な思想的根拠、信念がなければ行なえ得ないことであって、その思想的根拠とはまさに「マルクス・レーニン主義の思想」なのである。

この思想の恐ろしさは、薬物的効果があるので、人間をめろめろにしてしまうことだ。そしてそれは、天皇をも越える唯一絶対のものなのである。共産主義思想は天皇を蔑《ないがし》ろにし、唯一絶対はマルクスであり、レーニンであり、スターリンなのである。そのためなら人殺しも虐殺も戦争も肯定される。あの有名な毛沢東の言葉に、「革命は銃口から始まる」があるではないか。

昭和十六年九月六日以降の近衛文麿は、見せかけの日米交渉を始める。国民にはあたかも日米交渉をやっているかのように見せかけ、しかし、事態は戦争へ戦争へと突き進むのであった。

また、ここで新たに登場してきたことは、それはルーズベルト大統領との「ハワイ会談」、日米首脳会談であった。近衛文麿としては初めから計算済みのことで、実現は不可能であったが、戦争への時間かせぎと国民へ平和的な印象を与えるためであった。

しかし、「ハワイ会談」は結局、実現しなかった、近衛文麿はこのことをいいことに、第三次近衛内閣を総辞職するのである。時に昭和十六年十月十六日のことであった。若い頃より念願であった「英米本位の平和主義を排す」という全東アジアの共産主義化政策のすべての準備を終え、その革命工作（英米との大規模戦争）のレールを敷き終えた近衛文麿は、さぞかし感無量な思いにひたっていたことであろう。

次に近衛内閣約三年間に決定した事項を挙げておく。

蘆溝橋事件を北支事変に、陸軍三個師団派兵決定、軍部より先に先に軍事予算をたっぷりと付ける。大増税、不拡大方針の放棄、陸軍二個師団派兵、北支事変を支那事変（日中戦争）、日中戦争を日露戦争なみに格上げ、大本営を設置、企画院の設置、爾後蔣介石を対手とせず、国家総動員法、電力国家管理法、食管法、配給制、ナチスばりの国家社会主義体制、東亜新秩序の建設、一国一党の大政翼賛会、大東亜共栄圏の確立、陸海軍ともども大規模戦争用に大軍拡、汪兆銘政権樹立、日独伊三国同盟、日ソ中立条約、南進論、対米英戦争辞せず。

これらはすべて近衛内閣によって国民が知らないうちに、閣議決定されたことであって、しかも歴史的事実である。以上のことから窺《うかが》えることは、戦前の日本はまさに軍国主義国家であった、と誰しもが思うことであるが、じつはそうではなくて戦前の日本は、ある種の精神主義国家（＝共産主義国家）であったのではないか。

なぜならば戦前の日本では、本当に広く軍事学の勉強はなされていなかったのではないか。軍事学部が一般大学にあるのは、欧米社会では常識的なことである。戦前の日本では、一般大学においては軍事学部はなかった。プロフェッショナルな陸大、海大だけで細々と軍事学の研究がなされ、そしてすべての一般人には、軍事秘密とされていた。

この閉鎖性が日本敗因の大きな原因の一つであろう。もしも戦前の日本で広く一般大学に軍事学部を創っておれば、日本の軍事的化学技術は米国を上回り、米国に敗けるようなことはなかったのではないかと思う。

それに引き替え、米国は看板は民主主義国家であったが、その中身は軍国主義国家であった。日本は看板は軍国主義国家とされたが、中身はある種の精神主義国家（＝共産主義国家）であった。この両国が太平洋を挾んで戦ったのであるから、勝負は歴然としている。

昭和十六年七月二日の御前会議での最高機密「日本はドイツに参戦（シベリア侵攻）しない」を、近衛から尾崎、尾崎からゾルゲへと伝えられ、七月十日にゾルゲがソ連に通報した。このときなぜ、特高警察は近衛文麿を逮捕しなかったのであろうか。逮捕していれば、ずいぶん日本の近現代史は違っていたであろう。

そして、何よりも大東亜戦争の秘密が国民の前にさらけ出され、その戦争史観は今とは違い、日本の左翼勢力も戦後これほどまでには到らなかったのではないか。おそらくもっと真っ当な国になっていたのではないか。

五摂家の筆頭の近衛家、その若き当主、公爵、内閣総理大臣であった近衛に対し、特高警察も逮捕に踏み込めなかったのである。また、五摂家とは皇后陛下となる人を出す家柄であり、当時としては皇室と同じくらいに考えられていたのである。

昭和十六年七月、北進論が退けられた原因は石油問題だけではない。それはソ連崩壊後、ソ進側資料から解ったことなのである。

昭和十三年八月張鼓峰事件という国境紛争があった。この当時、関東軍には参謀本部から左遷されていた石原莞爾少将（参謀副長）がいた。事件の現場は、ソ連と満洲国と朝鮮が交差する三角点の国境地帯であったため、すぐに重砲部隊が駆け付けるわけにはいかなかった。そこで事件発生と同時に石原少将は、機転をきかせ、関東軍にあった列車砲を動員させた。この列車砲（十センチ砲）によって、ソ連軍戦車部隊を相当壊滅させたのである。

日本陸軍としては画期的なことであった。まさに石原莞爾は、昭和の軍事の天才であったのである。この事件の被害は、ソ連側は約四千人の死傷者、日本側は約千五百人の死傷者であった。この戦争を当時の日本軍はよく調べず、日本軍が敗けた戦争と思い込んでいたのである。

ちなみに、今から五、六年前のある民放でのテレビで、張鼓峰事件を取り上げているのを著者は見た記憶がある。それはロシアの高等学校での歴史教育の時間であった。自国が敗けた張鼓峰事件を高校生にしっかりと教えていたのだ。ちょっと日本人には考え及ばないことであるが、戦争を感情的にならず、合理的精神で捉えて教えていたのである。ロシアの学校教育には正直いって驚いたことを覚えている。

もう一つは昭和十四年五月〜九月まで戦われたノモンハン事件である。これも日本軍は敗けた戦争だと思い込んでいた。ソ連崩壊後のソ連側資料によると、実際のノモンハン事件での被害は、ソ連側、死傷者約二万数千人、飛行機一千機以上、戦車八百台以上。日本側は死傷者約一万六千人、火砲百門以上であった。

第二十三師団（小松原師団）は、ほぼ壊滅状態であったと、戦後このことがよく喧伝され、ノモンハンでは日本軍は敗けた戦争だと思い込んでいた。だが、これも日本人特有の、戦争を感情論で判断することからきている。実際のノモンハンでは、第二十三師団のすぐ横に、旭川の第七師団が無傷でいたのである。この師団を投入していれば、日本軍の完勝になっていたことは確かなことではなかったか。

当時の関東軍は軍事不拡大方針だったので、第二十三師団（小松原師団）だけを戦わせたのである。張鼓峰事件だけではなく、ノモンハン事件も同じく日本軍は敗けた戦争と思い込んでいた。やがてこのことが、昭和十六年七月に出てきた北進論を躊躇させ、今一歩踏み込めなかった原因の一つとなったのである。そのため、近衛が挙げた南進論が決定されたことは、まことに残念きわまりないことであった。

ともあれ、ノモンハン事件での教訓を、その後の戦争に日本軍は生かさなかった。敗け戦を精神論で包み隠し、軍下層部を叱咤するだけでは少しも合理的精神がない。

ノモンハン戦の後、日本軍は対戦車に対して速射砲や火炎ビンだけでなく、なぜバズーカ砲の開発に取り組まなかったのか。技術的にそんなに難しいものでないし、また費用もあまりかからない。大量生産が可能なものであり、三百メートルも飛べば充分である。

当時の勇敢なる歩兵部隊であれば、戦車に対して百メートル以内まで接近したのではないか。そこからバズーカ砲を打てば、まず百発百中で敵戦車を破壊できたのではないか。いずれにせよ、これより後の日米戦争では、バズーカ砲は相当の威力を発揮して、日米五分五分の戦いが太平洋の島々で展開されたのではないか。

第二十章——ハル・ノート

昭和十六年十月十六日、近衛内閣総辞職後、陸相東条英機に大命が下り、十八日、東条内閣の成立をみた。十一月一日の御前会議で「帝国国策遂行要領」（自存自衛を完うし大東亜の新秩序を建設する為此の際、米英蘭戦争を決意）が採択された。武力発動の時期を十二月初頭とする対米交渉は、甲、乙両案が了承された。

甲案は中国における通商無差別原則の無条件承認であった。日本の占領地における特恵待遇の廃止を受け入れる。後は日本軍の駐兵、撤兵問題、五年程度で。乙案は、仏印南部の日本軍の北部への移駐。野村大使は十一月七日、ハル国務長官に甲案を、ついで十一月二十日に乙案を提出した。

ルーズベルトの側近であり、政府高官のこれらメンバーは共産主義者が多かった。当時のアメリカ民主党ルーズベルト政権は容共主義であり、多くのソ連スパイや共産主義者を政権内に受け入れていた。

それは一九二九年（昭和四年）、世界恐慌の後、アメリカ経済を建て直すために取られたルーズベルト政権の経済政策（＝ニューディール政策）なのであった。それは国家社会主義政策であり、当時のアメリカも社会主義を取り入れていたのである。このニューディール政策に賛同したアメリカの若者たちを、「ニューディーラー」と呼ぶ。

少し余談になるが、終戦後、このニューディーラーたちが多数日本にやってきた。GHQに所属し、新憲法や教育基本法を創ったのである。新憲法や教育基本法が「マルクス・レーニン主義の思想から書かれているのは、このことに原因があるのである」（中川八洋教授の『大東亜戦争と開戦責任』より）

日本の主要資源の生産力は、戦争直前で概ね米国の七十八分の一。具体的には鉄で七十四分の一。石油で五百二十七分の一。銅で十一分の一であった（『日本経済史・上』日経新書二六二頁）。商業用自動車の生産を見ると、米国の六十九万台（一九四〇年）に対して、その年の日本は三万三千台であり、二十一分の一であった（『時事年鑑』一九四九版）。日本では国策で優先された航空機などの主要な軍需産業力ですら十三分の一なのである。

日本は近衛文麿首相の強引なリーダーシップのもとに、昭和十六年七月二日、早々と「対英米戦を辞せず」（情勢ノ推移ニ伴フ帝国国策要綱）を御前会議で決定していた。この要綱にしたがって七月二十八日に断行していた、この日本の「南進」を批判し、「対ヒットラー宥和政策の二の舞を演じるな」と激昂したアメリカ。

ＫＧＢの在米責任者ボリス・バイコフ大佐、その当時の共産党員Ｄ（？）チェンバースや、ベントレー。次にホワイトについて挙げておく。昭和二十三年八月十六日、ホワイトはジギタリスを大量に服用して心臓麻痺で死亡する。そのためホワイト自身の発案が、モスクワの指令なのか、などの核心は迷宮入りとなった。

彼らの目標はソ連の防衛だけでなく、「日米戦争による日本破壊」も秘められた目標であったろう。アメリカの武器貸与法で、ソ連は第二次世界大戦中、膨大な資源と工業製品、そして兵器を米国から供与してもらっていたのである。たとえば、ソ連側の資料による戦車一万一千輛、航空機一万九千機である。

また、ホワイトは、全ヨーロッパの支配をソ連に渡すプランや、ヨーロッパのすべてをソ連に貢がせる計画も持っていた。米政府高官をおおう赤い工作網の中には、ホワイトの親友でルーズベルト大統領の行政補佐官のロークリン・カリーや国務省のアルジャー・ヒスがいた。

また、当時のイギリスにも赤い工作員が配属されていた。「ハル・ノート」が「ホワイト試案」にあっというまに入れ替わっていくのは、昭和十六年十一月十七日から二十五日までの八日間の出来事であった。

反ドイツの旗頭であるモーゲンソーは、翌十八日、すぐにこれをルーズベルト大統領とハル国務長官に送付したのである。二十五日、ルーズベルト大統領は、とうとうハルに対し、「ハル試案」を断念せよ、「ホワイト試案」を採択せよと厳命した。

ブラウネル司法長官は、「ホワイトはソ連の大物スパイであり、米国の機密文書をモスクワに渡すために他の秘密工作員に流していた」と言明した。一九五三年、シカゴで流布された「ハル・ノート」は、共産主義者の手によって執筆され、主として共産主義者によって対日最後通牒に採択されたことになると発表された。

「ハル・ノート」問題は、どうやら日米の二国間に限っての問題ではない。これは「ソ連の防衛」と「ソ連の膨張」とを聖なる戦いとするソ連による世界共産主義運動の一環として位置づけられるべき問題である。

「ヤルタ秘密協定」は、「ソ連の侵略膨張を支援する」ためであるから、米国にとっての太平洋戦争のすべては、ひとえにソ連に奉仕するためのものであったということになる。

昭和十六年十一月二十六日、ハル国務長官は「ホワイト試案」を野村・来栖両大使に手渡した。その内容は、日本にとって最も厳しい内容であった。

「日本は中国（満洲）、インドシナからの一切の陸、海、軍兵力および警察力を撤退しろ」とのことである。これが最後通牒の「ハル・ノート」である。日本としては、とうてい飲めない要求である。パル判決書より引用する。

「米国国務省が日本政府に送ったものと同じような通牒を受け取った場合、モナコ王国やルクセンブルク大公国でさえも、合衆国に対して戈《ほこ》を執って起ち上がったであろう」

しかし、よく「ハル・ノート」を見てみると、ここに重大なミスがあると言われている。それは期限ということが書いていないことである。いつまでに中国大陸から撤退しろということが一切書いていないのである。

日本としては、ここに一つの方法があった、まず最初にイギリス・オランダ戦だけをやってみるのである。そうすれば、日本は英蘭相手ならおそらく勝ちまくったであろう。

日本は、東南アジア諸国の独立支援に乗り出し、彼らの民族運動に火を付け、独立を達成させることに協力するのである。そして彼らと友好協力関係になり、石油をはじめとする重要資源を獲得し、米国との戦争を備えるべきであった。昭和十七年の四月頃まで、米国との戦いを極力避けるのである。

ヒットラーは、じつに第二次世界大戦が始まってから二年半も米国と戦ってはいなかった。米国との戦いだけは避けていたのである。これらのことが日本政府が出来たならばと残念な思いである。昭和十七年の四月頃になれば、独ソ戦の結果が大体解ってきたのではないか。ドイツが敗け始めていることが解れば、日本は対米戦に踏み切らなかったかもしれない。

いずれにしろ、ホワイト試案の「ハル・ノート」は、日本に突き付けられた。昭和十六年十一月ともなれば、日米交渉は最悪で、これを打開することは不可能な状態であった。

日本の小手先の妥協案では、アメリカはすでに聴く耳を持たなかった。結局これらのことは、近衛文麿を中心とした三次にわたる近衛内閣の巧妙な政治的手腕であり、日本は雁字搦《がんじがら》めに嵌《は》められており、もう引き返すことは不可能なのであった。

第二十一章——終戦

昭和十六年十月十五日に逮捕されていた尾崎秀実は、昭和十九年十一月七日、レーニンのロシア革命記念日に巣鴨の東京拘置所で絞首刑となった。中川八洋教授は次のように書いている。

——予審判事訊問を五、六回受けた尾崎秀実は当代随一の中国専門家、評論家、「朝日新聞」「中央公論」「改造」で論陣を張った革命家。判事訊問調書で論評について表現の裏に秘めた真の狙いまで喋り、煽動宣伝の手の内までさらけ出したのである。

実際、第二次世界大戦の起こる四年前であり、尾崎の予見力（透視力）は、日本についても、「南方への進撃においては必ず英米の軍事勢力を一応打破しうるでありましょうが、その後の持久戦においては日本の本来的な経済の弱さと、支那事変による消耗がやがて致命的なものとなって現われてくるであろう」と。

そして日本は最終的に英米との戦争で、破局的な敗北を回避するために「ソ連と提携し、これが援助を必要とする。そのためにも社会主義国家としての日本を確乎として築きあげること」で、二年後の一九四四年にはその通りになり、陸軍を中心にこのソ連との同盟（＝日本がソ連の属国となること）を模索する終戦工作が開始された。（中川八洋教授の『大東亜戦争と開戦責任』より）

　この親ソ派のエリート陸軍将校たちの動きを克明に知る近衛文麿は、「軍部の一部はいかなる犠牲を払いしもソ連と手を握るべしとさへ論ずるのもあり、また、延安（＝中国共産党）との提携を考えて居る者もあり」（近衛上奏文）と、指摘している。大東亜戦争は、「共産ロシア――共産中国――共産日本」のアジア三国同盟というものであった（近衛上奏文）。

　昭和二十年二月十四日、フィリッピン戦線での日本の敗北が決定的となった、昭和二十年二月、近衛文麿は昭和天皇に、以下のような上奏文を提出した（矢部貞次『近衛文麿』所収より）。

「敗戦は遺憾ながら最早必至なりと存候。（中略）国体護持の建前より最も憂うべきは、敗戦よりも、敗戦に伴うて起こることあるべき共産革命に候。つらつら思うに我国内外の状勢は、今や共産革命に向って急速に進行しつつありと存候。

　翻って国内を見るに、共産革命達成のあらゆる条件、日々具備せられ行く観有之候。即ち生活の窮乏、労働者発言権の増大、英米に対する敵愾心昂揚の反面たる親ソ気分、軍部内一味の革新運動。及びこれを背後より操りつつある左翼分子の暗躍等に御座候。

　右の内特に憂慮すべきは、軍部内一味の革新運動に有之候。少壮軍人の多数は、我が国体と共産主義は両立するものなりと信じ居るものの如く、軍部内革新論の基調も亦ここにありと存候。（中略）職業軍人の大部分は、中以下の家庭出身者にして、その多くは共産的主張を受入れ易き境遇にあり、又、彼等は軍隊教育に於いて、国体観念だけは徹底的に叩き込まれ居るを以って、共産分子は国体と共産主義の両立論を以って、彼等を引きずらんとしつつあるものに御座候。

抑々《そもそも》満洲事変、支那事変を起し、これを拡大して遂に大東亜戦争にまで導き来れるは、これら軍部内の意識的計画なりしこと、今や明瞭なりと存候。満洲事変当時、彼等が事変の目的は国内革新にありと公言せるは、有名なる事実に御座候。支那事変当時も、『事変永引くがよろしく、事変解決せば国内革新は出来なくなる』と公言せしは、此の一味の中心的人物に御座候。

これら軍部内一味の者の革新論の狙いは、必ずしも共産革命に非ずとするもの、これを取り巻く一部官僚及び民間有志（之を右翼というも可、左翼というも可なり、所謂《いわゆる》右翼は国体の衣を着けたる共産主義者なり）は、意識的に共産革命にまで引きずらんとする意図を包蔵しおり、無智単純なる軍人、これに躍らされたりと見て大過なしと存候。

この事は過去五十年間、軍部、官僚、右翼、左翼の多方面に亘り交遊を有せし不肖が、最近静かに反省して到達したる結論にして、此の結論の鏡にかけて、過去十年間の動きを照し見る時、そこに思い当たる節々頗《すこぶ》る多きを、感ずる次第に御座候」

日本の敗北が決定的となった昭和二十年二月十四日、近衛文麿は昭和天皇に詫び状とも取れる上奏文を提出した。

宮中に参内した近衛文麿は、例のごとく椅子に座り、足を組んで、「ね！　陛下」と言って、陛下との戦いは私の勝利のようですね、と言わんばかりの態度であったようである。

近衛の上奏文は反省しているようでもあり、また驕《おご》り高ぶっているようにもとれる文章である。近衛自身としては、もう少しアメリカの侵攻が遅くなると考えていたようだ。

昭和二十年二月といえば、もう本土空襲が始まっていたし、太平洋の島々を飛び石伝いにやってくるアメリカの軍事行動は予想外のことであった。そして二十年の四月十三日には「日ソ中立条約」が期限切れとなるのである。後一年有効ではあった。しかし、ソ連はまだ日本本土に侵攻しそうにもない。このような状勢下では、アメリカの日本本土侵攻の方が早くなる。

近衛はこのあたりで自身の自己保身のために、何らかの論文（＝『近衛上奏文』と『平和への努力』）をあえて残して置かなければと、アメリカの占領体制化での自分の存在を考えていたのではないか。一種の事前工作であったと取れる。

『近衛上奏文』とは、何と白々しい文章であるか、明々白々の歴史的事実があるのに……。あの開戦に至る道程（レール）を創った近衛文麿は、今度は自己保身にはしり、その責任の大半を軍部に押し付け、自分はそうではなかったということを、昭和天皇に強く主張した論文ではないか。

上奏文に書いてある「意識的に共産革命まで引きずろうという意図を包み隠しております」は、まさに近衛自身のことであり、彼は大変な演技者（＝共産革命のためならば嘘が平気で話せるし、嘘が平気で書ける人間であった）であることを逆に証明しているものと著者は確信している（中川八洋教授の『大東亜戦争と開戦責任』から）。

日本の「軍国主義」とは、日本の「社会主義化」運動が生んだ一現象である。もし大東亜戦争を非難するのであれば、その母胎となった社会主義（共産主義）をこそまず非難すべきであろう。戦後の日本において「大東亜戦争＝軍国主義」という公式が喧伝されたのは、社会主義を美化し社会主義を大東亜戦争批判（非難）から救うためのレトリック（詭弁）であった。このため「大東亜戦争＝日本と東アジアの社会主義」という歴史の真実を隠すあらゆる情報操作がなされたのである。

『八年戦争』を真に反省するのであれば、『八年戦争』そのものによって樹立された中共（中国共産党）の政権を倒壊させること、それ以外にない。冷戦の終焉がソ連の倒壊によって達成されたように、『八年戦争』の終結は、中共政権の倒壊で真に初めて達成される。別な表現をすれば、中共が存続している限り『八年戦争』は終わっていない。

日本の社会主義化を目的とする左翼イデオロギーを教育界にも持ち込み、過去の戦争の歴史をマスメディアを通じて国民に報道している。大東亜戦争の真実が、戦後六十三年の風雪の過程で意図的に消された、それが本当の原因である。

日米分断、日韓分断という自由主義社会の連帯を突き崩し、共産中国、共産ロシア、北朝鮮支援を目的としたのである。そのためには歪曲と偏見をためらうことなく、大東亜戦争の歴史を偽造することであった。

近衛文麿とそのブレーンたちは、身も心も共産中国、共産ソ連に心酔し、これが正しい道だと確信し、その正義感を抱き続け、全東アジアの共産革命に邁進したのである。また、この原動力となった社会主義、共産主義思想（イデオロギー）には、自分たちの祖国が日本であることが解らなくなり、また祖国日本を愛せなくなる薬物的効果がある。

そしてこの思想は、今の日本の左翼陣営の人たちに受け継がれ、教科書問題、中韓問題、靖国神社問題などを起こしている。戦後の日本をこんなに可笑《おか》しな国にしたのは、まさにこの思想（マルクス・レーニン主義）なのである。

また、この思想の持ち主を我が同胞と考え、仲良く六十三年以上にわたってこの国でともに共生したことは、戦後の日本人（団塊の世代の人間）として痛恨の極みである。

第二十二章——赤いエリート軍人たち

一九一七年、帝政ロシアにおいて、レーニンが唱えていた共産主義革命が成立した。ロマノフ王朝は大粛清（皆殺し）を受け、王朝の一族はもちろん、皇帝の馬まで殺された。

そのほかに旧体制にいた人間や革命に反対だった人間を、約七百万人を粛清したのである。こういったことは、当時の日本にはよく伝えられず、むしろ革命を賛美するようなムードであった。

そしてスターリンの時代になって、次々と打ち出された経済軍事五ヵ年計画、その成功は当時の日本人にとってまことに素晴らしいことのように思えたのである（じつはこの五ヵ年計画は、ロシア人の大犠牲、大粛清のもとにおかれたものである。その犠牲者数は約数千万人ともいわれている)。

そのようなことをまったく知らなかった当時の日本人は、ソ連を夢のような国と考え、社会主義、共産主義思想に憧れを持って見守った。

一方のドイツでは、国家社会主義を唱えるナチス党が政権を取った一九三三年一月、ヒットラーはベルサイユ条約を破棄し、たった六年間で再軍備を完了し、日の出の勢いであった。そして昭和十四年九月、突如、ポーランドに侵攻した。

これを見て取ったイギリスが宣戦布告したので、第二次世界大戦が始まった。しかし、ドイツ軍の電撃作戦はすさまじく、ベルギー、オランダ、フランスを降伏させ、パリを無血占領した。

この事態を知った日本のエリート軍人たちは「バスに乗り遅れるな」という言葉が流布したように、ナチス、ドイツに憧れ傾倒した。全体主義国家ナチス、ドイツ陸軍の実力は、当時としては世界一であった。

しかし、昭和十九年頃、相次ぐ敗戦でアメリカに押し負かされていた日本軍は、ドイツ軍よりソ連軍を意識するようになった。あの強いドイツ軍、ドイツ陸軍は世界一と考えていた日本のエリート軍人たちは、そのドイツ軍を押しまくっているソ連軍に驚倒した。そして今度はソ連軍の強さに憧れ、傾倒していったのである。

そもそも日本陸軍はソ連軍に対して、大変なコンプレックスを持っていた。それは、昭和十三年八月の張鼓峰事件、昭和十四年のノモンハン事件などで大打撃を受け、日本軍は敗けた戦争だと思い込んでいたからだ。相当、ソ連軍を脅威に思っていたのである。

しかし、じつはソ連崩壊後のソ連側資料により、張鼓峰事件もノモンハン事件も日本軍が勝った戦いであったことが解ったのである。がしかし、よく調査しなかった日本軍は、その後ずうっと日本が敗けた戦争だと思っていた。

このような状勢であったから、赤いエリート軍人たちは急速にソ連に傾倒していった。昭和十九年頃になってから絶望的な敗戦が続く日本。昭和二十年の春、日ソ中立条約の期限がくる（昭和二十年四月十三日、実際には期限後一年間は有効であった）。

しかし、安心できない赤いエリート軍人たちは、今後、米英勢力と戦うにはソ連の軍事力が必要ではないかと考え始めた。また、それらの軍人の中には、かなり共産主義思想に憧れていたものもいた。近衛上奏文では、「天皇を戴《いただ》く共産主義」「右翼の衣を着けた共産主義者」らであった。

当時の共産主義者から出てきた案は、「日ソ同盟」であった。ソ連の属国となってでも、日本が共産主義国家になってでも、あくまでも米英と戦うこと、これが本土決戦思想なのである。

本当に共産主義国家の残酷さ、悲惨さ、粛清も知らない赤いエリート軍人たちは、ソ連との「日ソ同盟」を真剣に考え始めるのであった（中川八洋教授の『大東亜戦争と開戦責任』から引用）。

(1) 種村佐孝大佐（参謀本部戦争指導班長）＝この種村大佐は、昭和二十年五月、満洲、朝鮮、台湾、南樺太、千島、沖縄をもソ連に貢いで、本土決戦、日ソ同盟を考えていた。戦後もいち早く日本共産党に入党した。

(2) 影佐禎昭（軍務局軍務課長）＝陸軍中将、過激な共産主義者。敗戦で陸軍が解体された後、多くのエリート将校が日本共産党に入党したり、日本共産革命のためのソ連工作員となった（一九五四年、米国に亡命したラストヴォロフKGB中佐の証言による）。

(3) 志位正二少佐（関東軍参謀）＝現日本共産党の志位委員長の叔父にあたる人で、戦後いち早く日本共産党に入党した。

(4) 平沢道則中佐（関東軍第三軍参謀長）＝過激な共産主義者。

(5) 朝枝繁春＝過激な共産主義者。

(6) 瀬島龍三中佐（大本営参謀、関東軍参謀）＝昭和二十一年、東京裁判に出廷した。共産主義者でない限り、ソ連は証人に採用することを断じてしない。以下は著者自身が書いたことだ。

シベリア抑留中、モスクワの高級ホテルに滞在していたことがあった。また抑留中一年半ほど、所在がまったく解らなかったことがあった。多分それはウランバートルにあった収容所で、KGB工作員としての教育を受けていたらしい。

瀬島龍三は昭和三十一年、日本に帰還したが、自衛隊には入らずに民間会社（伊藤忠商事）に入社した。その理由は娘（長女）がもう絶対に軍隊に行かないでとのことであったらしい。本当の理由は、アメリカ、CIAより瀬島はソ連のスパイであるから、自衛隊に入れるなということであった。

(7) 松村知勝少将（モンゴルのウランバートルにあった「第七〇〇六俘虜収容所」KGB工作

員）＝東京裁判に出廷したことがある。

日中戦争も太平洋戦争も、「八年戦争」のすべてはただただ、ソ連ロシアの利益に奉仕するために行なわれたことである。翻って、わが日本では歴史の真実を明らかにすることを、徹底的に拒否してこれを闇に葬ろうとする勢力が存在した。日本の対英米戦争に至る意志決定過程を歪曲してきた六十三年間の戦後日本。「八年戦争」は軍国主義、ファシズムが原因ではなかったのである。

日本が対英米戦争に決断した理由、目的は次の通りだ。

(1) 英米との戦争によって、日本がソ連に開戦する選択肢を完全に潰し、共産主義の祖国ソ連を防衛すること。

(2) 自由主義の国、英米をアジアから追放すること。

(3) 日本を敗戦に追いやり、一九一七年のロシア革命と同様に共産化の革命の土壌を創ること。

対米戦争継続のための本土決戦よりは、ソ連に領土を貢ぎたい一心である。対ソ終戦工作の狙いは、日本のソ連の属国化や日本の共産化を含む日ソ同盟であった。

昭和二十年八月十九日、早々と関東軍は武装解除している。ソ連軍の邦人への無差別攻撃は、八月二十八日頃まで続いた。

近衛文麿グループと陸軍の中堅エリート将校たちが有形・無形の連携プレーをしながら、ソ連軍導入の方法をも含むアジアの共産化に邁進する手段としての「八年戦争」の遂行そのものであろう。いかに表面的には不可解に見える戦争でも、最後の段階ではその真の姿を見せるものである（中川八洋『大東亜戦争と開戦責任』より）。

昭和二十年十二月六日に、近衛文麿のもとに「戦犯容疑者」として東京国際軍事裁判所法廷への出頭命令がきていた。当然、裁判ともなれば、あらゆる証拠書類、証言が出てくるので、とてもじゃないが、これはかわし切れない。行き場を失った近衛は、以前から準備していた青酸カリを、十二月十六日未明に飲んで服毒自殺した。

死人に口なしだが、明々白々の歴史的事実はある、日中戦争（支那事変）の仕掛け人で、これを自ら長期化させ、日独伊三国同盟を結び、また対英米戦争（大規模戦争）の仕掛け人で、昭和天皇御臨席のもとの御前会議の決定事項を三度も翻したのは、内閣総理大臣であった近衛文麿その人である。

戦後の日本では、大東亜戦争の責任のすべてを、東条英機を中心とする、いわゆるA級戦犯と呼ばれる人たちに擦り付けることに成功したのである。彼らのほとんどは軍事官僚であり、おもに軍政、軍令に携わっていた人たちであり、職務を忠実に全うしたにすぎない。

またこれらの人たちが、具体的に大東亜戦争を仕掛けた事実はどこにも見当たらない。本当の戦争犯罪人は、近衛文麿とそのブレーンたちである。あの大戦争へのレールを敷いた歴史的事実はいくらでもある。近衛グループが本当のA級戦犯なのである。

しかし、戦後の日本では、この逆のことが日本の左翼団体によって強く喧伝されたのである。近衛の死は、昭和十二年から昭和二十年までの「日本の暗黒の八年史」と「大東亜戦争」の真実の大部分を闇に葬ることになった。

戦後は歴史的事実の研究はほとんどなされなかった。いや、むしろ隠し通し封印したのである。それは、この歴史的事実が暴露されると、日本の左翼共産主義者は、その一切の反日的論拠を失うからである。

大日本帝国憲法でもない、統帥権でもない、軍閥でもない、天皇でもない、真の戦争犯罪人は、近衛文麿とそのブレーンたち、すなわち日本の共産主義者であったのである。マルクス・レーニン主義の思想が、昭和の大悲劇を生みだしたのである。三百八十万人以上の戦死者、戦災者（シベリア抑留でなくなった方も入れると）を出し、日本の資産の大部分を失った大東亜戦争とは、ソ連コミンテルンと中国共産党と日本の共産主義者が仕込んだ共産革命のための愚かな愚かな戦争であった。

次表はシベリア抑留での死亡者数である。（増田俊男。一九三八年、東京に生まれる。時事評論家。ソ連崩壊後、ソ連側資料より書いた『シベリア抑留問題』がある）。

	強制連行拉致者（人）	死亡者（人）	帰還者（人）
増田俊男説	約一一三万	約六〇万	約五三万
中川八洋教授説	約一〇八万	約五五万	約五三万
アメリカの公文書		約四〇万以上	約五三万
日本の厚生省		約三七万四千以上	約五三万
ソ連側発表	約六〇万数千	約五万数千	約五三万

六十三年後の今日でも日本の左翼団体は、大東亜戦争を日本の侵略戦争であり、アジアの人々に多大の迷惑をかけたと罵り、戦争の原因を天皇であるとか、軍部であるとか、A級戦

犯であるとか、軍閥であると宣伝しているのは、自らをカムフラージュするためのものであって、それ以外の何ものでもない。

第二十三章――藤原氏（＝近衛家）

近衛家とは平安時代、藤原道長、頼通から数えて七代目の頃（＝藤原忠通）が、藤原家から別家して近衛家（＝近衛基実）を創ったのが始まりである。近衛とは、天皇の近くを衛《まも》る貴族の家という意味で、大変誇りを持った名門の家系である。平安時代、藤原氏は、栄えに栄え、娘を天皇家に嫁がせ、天皇の外祖父となってその権勢を欲しいままにしてきた。藤原頼通は、次のような歌を詠んだ。

この世をば　我が世とぞ思ふ　望月の
欠けたることも　なしと思へば

また、藤原家からの別家は、近衛家、鷹司家、九条家、二条家、一条家、といくつもある。この時代、藤原姓があまりにも多くあったので、みな家屋敷のある地名を姓にした例が多いようである。後藤とは越後の国の藤原氏の荘園を守っていた警護人。近藤とは近江の国の藤原氏の荘園を守っていた警護人。遠藤とは遠江《とうとうみ》（静岡県）の藤原氏の荘園を守っていた警護人。加藤とは加賀の国の藤原氏の荘園を守っていた警護人。

さらに、上代では藤原鎌足の時代六四五年、「壬申の乱」での中大兄皇子と大海人皇子の争いの頃、藤原氏は天智天皇（中大兄皇子）側になって天皇家をよく補佐した。いわゆる、天皇家に恩を売ってやったとの思いが後年の藤原氏にはずっとあったのである（天皇家との同族意識が強い）。

江戸時代、京都公家とは貧乏人の代名詞のようなもので、三万石ぐらいの禄高で朝廷の一切を切り盛りしていた。公家たちは窮乏していたので、よく都大路に入ってくる大名行列に絡んでいって、大名たちにいちゃもんを付けては金を巻き上げていたのである。

それだけではなく、自分たちの娘を大名の側室にしたり諸大名たちにやたらと官位を乱発してお金にしていた。たとえば、少納言を中納言に、中納言を大納言にしていた。加えて下級公家たちも窮乏していて、明治維新の功労者でもあった岩倉具視などは、自分の家屋敷を「博徒」たちに貸し渡し、この寺銭かせぎで生活をしていたそうである。また、京都には油売り、しじみ売り、納豆売り商人がいたが、公家の家の前にくると、みんな走って通ったという話がある。とにかく貧乏公家は金を払わないからだ。

上代から平安時代までは藤原氏は恵まれた貴族生活で、社会の上級支配者であった。また、この頃の武士団は貴族の護衛者にすぎなかったが、その武士団がやがて貴族を凌駕《りょうが》するほどの力を持ち、鎌倉幕府を開いたのである。鎌倉時代から武家社会になり、公家たちは権力の座から滑り落ち、日陰者になった。いわゆる、虐《しいた》げられた人々になったのである。

明治の時代になっても、政治権力の中枢は薩・長・土・肥で、公家たちではなかった。鎌倉時代から数えると、およそ七百年になる。それほど日陰者にされてきた公家たちであった。そんな環境で生まれ育ってきた公家の近衛文麿は、青年期マルクス・レーニン主義の思想に出会った。この思想を持って日本に共産主義革命を起こし、日本人民共和国を創り、その独裁者になろうと彼は考えたのである。虐げられてきた公家・貴族の七百年の怨念が、近衛文麿のような人間を生み出したのである。

彼の大東亜戦争（八年戦争）の計画の九割方は巧く機能していたのである。しかし、昭和二十年八月九日、ソ連の大侵略（近衛文麿の陰謀）を、そしてこの戦争の本質を見事なまでに見抜かれた昭和天皇は、終戦を急がれ、八月十五日、立憲君主の立場を乗り越え、全日本民族の前で「ご聖断」を下されたのである。

身はいかに　なるともいくさ　とどめけり
ただたふれゆく　民を思いて（昭和天皇御製より）

これで近衛文麿は、青年期からの一切の野望をなくした。だがまだしかし、マッカーサーに希望を抱いていたが、残念ながらマッカーサーは自由主義であった。共産主義者であった近衛文麿は、すべての希望をなくして絶望状態になり、結局、自決の道を選んだのであった。

また、長男の「近衛文隆」は、関東軍の野戦重砲連隊の中隊長（陸軍中尉）であったが、終戦でシベリア抑留となり、昭和三十一年十月二十九日に死亡する。十一年間の抑留生活ではあったが、近衛文麿の長男ということで、その生活は将官クラスなみで、わりと優遇されていたようである。

しかし、特に朝鮮戦争後はスターリンが死亡してしまったので、その後を次いだフルシチョフの独裁時代になり、盛んにスターリン批判が激しく行なわれたのである。

そんな時代、ソ連にとって近衛の長男「近衛文隆」の存在が厄介なことになってきたのである。今さら「近衛文隆」なる人物を日本に帰しても、ソ連（コミンテルン）にとって何の利益にもならない。いや、むしろコミンテルンの革命工作が暴露されるかも知れないので、「近衛文隆」を毒殺したのであろう。

このことによってもソ連（コミンテルン）は、「大東亜戦争の秘密」を完全に封印、隠蔽することに成功したのである。昭和三十一年十二月に日本に帰還することになっていた「近衛文隆」という人は、まことに悲劇の人であった。

ここに先帝陛下の晩年（昭和六十三年）にお創りになられた御製を挙げさせてもらう。

やすらけき　世を祈りしも　いまだならず
　くやしくもあるか　きざしみゆれど

今日、日本の歴史家にとって、もっと大東亜戦争（八年戦争）と近衛文麿のことを研究すべき秋《とき》がきているのではないか。

あとがき

本書を執筆した著者のそもそもの動機は、日本の左翼団体、反日団体（共産主義思想、社会主義思想）に疑問があったからである。日本にマルクス・レーニン主義の思想が入ってきて、およそ九十年になるのではないか。大正、昭和、平成と、特に昭和の悲劇は、先の大戦（大東亜戦争・八年戦争）に象徴されているように、大変悲惨なことであった。そして、戦争批判・軍部批判は平成の世の現在に至るも延々と続いているのである。

ソ連東欧の崩壊後、日本の左翼団体はイデオロギーのことは、さすがに言えなくなったので現在では言わないが、その左翼運動は非常に陰湿になってきているのではないか。たとえば南京大虐殺、三光作戦、百人斬り競争、シンガポール大虐殺、沖縄問題、日韓併合、サンフランシスコ講和条約、東京裁判、A級戦犯、靖国神社問題、中韓との歴史教科書問題、従軍慰安婦、強制連行、遺棄兵器問題、夫婦別姓、男女共同参画社会、ジェンダーフリー、日本の侵略戦争、人権擁護法案、日本は犯罪国家などと、もう枚挙にいとまがない。

このように自虐史観の限りをぶち挙げているが、こんな不毛な戦いは国益にも添わないし、真にあの戦争を反省したことにもならない。反日団体が言っているこれらの歴史は、やはり左翼のプロパガンダ（＝政治的嘘宣伝）であり真実ではない。保守系の歴史学者の研究では、すでに論理的に破綻している問題である。したがって、団塊の世代の一人である著者（昭和二十四年生まれ）は、常々、日本の近現代史には疑問を持っていた。

筆者は十年ほど前に、筑波大学中川八洋教授の『近衛文麿とルーズベルト大統領』に、五年前に『大東亜戦争と開戦責任』という図書に出合い、深く感銘を受けた。

三次にわたる近衛内閣（近衛文麿）のことには、まだまだ研究すべき問題が山ほどある。ぜひ左翼団体の人も一緒になって、近衛内閣のことを研究してみたらどうか。これを行なえば、あの戦争の全体像が観えてくるだろう。大東亜戦争（八年戦争）とは、一言で言うと近衛文麿が軍部を巧く活用して行なった、共産主義革命のための大未遂事件であったと言うことである。

戦後の歴史教育のトラウマから抜け出せない団塊の世代の諸君、第二次世界大戦（大東亜戦争）を今一度、見直そうではないか。そこには、ソ連（スターリン・コミンテルン）の存在を抜きにしては語れない共産主義革命（＝ソ連を守るためのソ連の膨張政策）の賜物があったのである。

米英勢力の軍事力をうまく利用したスターリンの世界共産主義革命であった第二次世界大戦。地球の東側ではドイツを潰し、東ヨーロッパ諸国をソ連の勢力圏とすることに成功した。また地球の西側では日本を敗戦に追いやることに成功した。これら一連の戦争で手に入れた全東アジア（特に中国）の共産化に成功したことは、ソ連の膨張化に多大な影響を与えた。

いわゆる、第二次世界大戦とは、グローバルな視点から考えると、スターリンが始めたソ連のための膨張政策であり、ソ連のための防衛政策であった。そしてスターリンは、米英の巨大な軍事力をうまく利用して戦ったのである。

「いわば、他人の褌《ふんどし》で相撲を取ったようなものである。

第二次世界大戦の本当の被害者は、ドイツ、イタリア、日本、アメリカ、イギリス、蔣介石であった。一方、この戦争の最大の利得者は、ソ連であり、中国共産党であり、日本の左翼団体であったのではないか」

戦後の日本では「錦の御旗」というか、国家の主導権が敗戦利得者の左翼団体に取られ、軍人や保守派の人間たちはまともな話が出来なかった。もっとも占領時代は、GHQの事前検閲が厳しかったということもあるが、しかし、GHQに巧く取り入って迎合していったのが日本の左翼団体の人たちではなかったのか。まるでその振る舞いは、戦勝国側の国民であったかのような言動であったのだ。

また、近衛グループが行なった共産革命への道を、見事なまでに隠し込むことに成功した彼らは、軍人や保守系人批判（大東亜戦争史観）に全力を挙げた。このことは六十三年後の平成の今日に至ってもまだ続いていることであって、我々は一日も早くこの態勢から抜け出せることを希《ねが》う次第である。

【参考図書文献】

「大東亜戦争と開戦責任」中川八洋（弓立社）
「近衛文麿とルーズベルト大統領」中川八洋
「パール博士の日本無罪論」（慧文社）
「賢者は歴史に学ぶ」渡部昇一、岡崎久彦（クレスト社）
「かくて昭和史は甦る」渡部昇一（クレスト社）
「捏造された日本史」黄文雄（日本文芸社）
「日本人とは何か」山本七平（PHP研究所）
「こんな日本に誰がした」谷沢永一（クレスト社）
「正統の哲学異端の思想」中川八洋（徳間書店）
「かくて歴史は始まる」渡部昇一（クレスト社）
「軍事頭脳を持っているか」長谷川慶太郎（青春出版社）
「大東亜戦争は正当防衛であった」山本建造（福来出版）
「大東亜戦争の実相」瀬島龍三（PHP研究所）
「大東亜戦争ここに甦る」小室直樹（クレスト社）
「日本の敗因」小室直樹（講談社）
「こんな歴史に誰がした」渡部昇一、谷沢永一（クレスト社）
「日本国民に告ぐ」小室直樹（クレスト社）
「悪魔の思想」谷沢永一（クレスト社）
「日本そして日本人」渡部昇一（祥伝社）
「日本史から見た日本人・昭和編」渡部昇一（祥伝社）
「大東亜戦争とスターリンの謀略」三田村武夫（自由社）

【主要論文等】

「日本は侵略国家ではない」「大東亜戦争の秘密」「インドネシア独立物語」「ビルマ独立物語」「日韓併合は植民地支配ではない」「インドと独立物語」

【著者紹介】
森嶋雄仁（もりしま・ゆうじ）
昭和24年生まれ。近現代史研究家。
古書店経営から執筆活動に入る。
鹿児島「二政会（時事問題勉強会）」幹事長。
新しい歴史教科書を作る会会員。
日本会議鹿児島元会員。

大東亜戦争の秘密〈近衛文麿とそのブレーンたち〉

2009年6月20日　第1刷発行

著　者　森　嶋　雄　仁
発行人　浜　　　正　史
発行所　株式会社　元就《げんしゅう》出版社
〒171-0022 東京都豊島区南池袋4-20-9
サンロードビル2F-B
電話　03-3986-7736 FAX 03-3987-2580
振替　00120-3-31078
装　幀　純　谷　祥　一
印刷所　中央精版印刷株式会社
※乱丁本・落丁本はお取り替えいたします。

ISBN978-4-86106-179-0　C0095